KB154055

자유 · 민주 · 보수의 길

기파랑耆婆郎은 삼국유사에 수록된 신라시대 향가 찬기파랑가讚耆婆郎歌의 주인 공입니다. 작자 충담忠談은 달과 시내와 잣나무의 은유를 통해 이상적인 화랑의 모습을 그리고 있습니다. 어두운 구름을 헤치고 나와 세상을 비추는 달의 강인함, 끝간 데 없이 뻗어나간 시냇물의 영원함, 그리고 겨울 찬서리 이겨내고 늘 푸른빛 잃지 않는 잣나무의 불변함은 도서출판 기파랑의 정신입니다.

자유 · 민주 · 보수의 길

초판 1쇄 발행 2015년 4월 15일
초판 2쇄 인쇄 2015년 7월 10일

지은이 · 박근
펴낸이 · 안병훈
펴낸곳 · 도서출판 기파랑
디자인 · 황은경
등 록 · 2004. 12. 27 제300-2004-204호
주 소 · (110—809) 서울시 종로구 대학로8가길 56 동숭빌딩 301호
전 화 · 02-763-8996(편집부) 02-3288-0077(영업마케팅부)
팩 스 · 02-763-8936
이메일 · info@guiparang.com
홈페이지 · www.guiparang.com
ⓒ박근, 2015

ISBN 978-89-6523-865-2   03300

박근, 미래를 말한다

자유
민주
보수
의
길

박근

기파랑

눈이 온다. 비가 내린다. 싹이 트고 꽃이 핀다
열매가 익는다

해가 뜬다. 구름이 스친다. 달이 뜨고 별이 반짝인다
세상이 울고 웃는다

세상은 늘
돈과 권력과 명예욕이
지배욕과 손잡고
시끌시끌 와라락

보고 느끼고 손길 가는 대로
펜을 들어 본다.

한국인이면 거의 다 자유를 좋아하고 독재를 싫어하는 자유 민주 보수주의자다. 이는 김정은 체제 밑에서 신음하고 있는 대다수 북한 동포들도 마찬가지라고 믿는다. 이 책은 그들에게 바치는 자유 민주 보수주의 수필이다.

150여 년 전에 미국의 노예 해방을 위해 싸운 에이브러험 링컨 대통령은 보수주의란 "새것과 시험되지 않은 것에 반대하여 오래되고 시험을 거친 것을 따르는 것이 아니고 무엇인가?"라는 말로써 보수주의의 한 원칙을 알기 쉽게 내놓은 바 있다.

아득한 옛날부터 우리 조상들이 이어주고 이어받아 온 정신적 유산이 있다. 정직하라, 부지런하라, 효도하라, 나라 사랑하라 등등이 그 예다.

현재도 끝없이 변하고 발달하는 인류의 새 지식과 지혜, 그리고 새 기술들, 이들은 실험과 시험을 거치면서 보전할 가치 있는 인류의 유산이 되고 보물이 된다.

그러한 옛 것이 우리에게 귀중하게 느껴지는 이유는 무엇일까? 누구의 말처럼 옛 것은 만물을 창조한 조물주의 시간대에 더 가깝기 때문인 것은 아닌지?

보수주의는 과거나 현재의 인류 유산이 버릴 것이 없다고 생각하지 않는다. 특히 현대적 보수주의는 자유민주주의적 보수주의이다. 낡은 것, 억압적인 것, 자유민주주의적 가치에 위배되는 과거의 유산 등은 당연히 버려야 할 것이다. 그래야 보전할 것을 보전할 수 있다.

보수주의는 한두 사람의 머리에서 꾸며낸 '탁상공론'을 멸시한다. 마르크시즘이니 공산주의니 하는 유토피아 이론도 불신한다. 아무리 머리 좋은 인간도 우주의 진리를 다 아는 체해서는 안 된다고 믿는다.

우리는 진보주의니 뭐니 하면서 보수주의에 대항하려는 사상이나 이론도 겪었고 경험했다. 그 실험들이 눈앞에서 망하는 것도 보았다.

보수주의는 공산주의 혁명뿐만 아니고 모든 혁명을 경계한다. 과거는 없애고 오늘부터 모든 것을 새로 시작하겠다는 자세를 경계한다.

과거를 전부 가슴에서 청소하고 어제까지 배운 것을 전부 머릿속에서 청산하고 나면 사람의 행동 지침이 되는 것도 없어진다. 본능만 남게 된다. 인간은 본능에 따라 행동하는 야수가 되고 만다.

박정희의 5·16 군사혁명은 과거를 청산하려는 '혁명'이 아니었다. 응당 5·16 개혁이라 해야 옳을 것이다. 기존 질서를 몽땅 쓸어 없애려고 하지 않았기 때문이다.

인간이 인간의 과거를 청산한다는 것은 불가능하다.

흡사 어제가 없었던 것처럼 행세하는 것은 불가능하다. 모든 것을 싹 쓸어내고 원시로 되돌아가 다시 제로로 시작하는 것은 불가능하다.

'5공 청산' 등과 같이 과거를 청산하겠다느니 하는 한국 정치는 아직도 너무 어리고 어리석다.

한글을 만든 세종대왕의 지혜와 영도력, 이승만 대통령의 대한민국 건국과 북의 남침을 성공적으로 물리친 영도력, 한미동맹의 체결을 실현시킨 그의 탁월한 외교력, 조국 근대화와 산업화를 실현한 박정희 대통령의 희귀한 영도력, 평화적으로 권위주의를 민주주의로 전환시켜 평화적 정권 교체의 토대를 마련한 전두환 대통령, 모두 한국의 자유 민주 보수주의에 귀중한 공헌을 한 자랑스러운 지도자들이 아닐 수 없다.

물론 정치자금을 둘러싼 부패 문제, 아직도 취약한 우리 사회의 윤리도덕성 문제도 있다. 그러나 이들의 시대적, 정치문화적 과제는 눈뜨기 시작한 한국의 새 젊은 세대와 한국의 뛰어난 자유언론이 시간을 두고 해결해 줄 수 있고 해결해 주어야 할 과제이다.

버크(Edmund Burke)의 말대로, 변화를 기피하면 보전해야 할 것도 보전하지 못하는 것이 역사의 가르침이다.

70년을 끌어 온 미국과 소련 간의 '냉전'은 급진적 진보주의 공산 혁명에 대처하는 전형적인 보수주의적 대응 방안의 한 성공적인 예라고 할 것이다. 진보가 보수와 싸우면 냉전에서처럼 진보가 망한다. 진보주의나 진보당은 실례도 이름도 찾기 어려울 정도로 지구상의 정치에서 밀려나고 있다. 이것은 수천 년 인류 역사의 발자취가 가르치는 귀한 교훈이다.

2015년 봄을 맞으며
박근

| 차례 |

|제1부| 보 수

| 제5부 | 외교·안보

제1부

———

보 수

70년을 끌어 온 미국과 소련 간의 '냉전'은
급진적 진보주의 공산 혁명에 대처하는 전형적인 보수주의적
대응 방안의 한 성공적인 예라고 할 것이다.
진보가 보수와 싸우면 냉전에서처럼 진보가 망한다.
진보주의나 진보당은 실례도 이름도 찾기 어려울 정도로
지구상의 정치에서 밀려나고 있다.
이것은 수천 년 인류 역사의 발자취가 가르치는
귀한 교훈이다.

구름같이 희미해지면서 사라져 가는
각종 집단 위에 밤하늘의 별과 같이 반짝이는 것이 있다.
바로 인류 역사의 주인공인 자유로운 개인이다.

따라서 개인은 모든 형태의 인간집단에 앞선 존재다.
그 정상에 있는 존재다. 가장 먼저이고 가장 근본적이고,
가장 으뜸이고 가장 마지막인 존재다.
개인은 모든 정치철학의 알파인 동시에 오메가다.
출발점이고 종착점이다.

보수주의와의 첫 만남

1946년 나는 진주사범학교를 졸업하고 청량리 서울대학 예과에 입학하였다. 그런데 어느 날 밤중에 2층에서 우당탕 쾅쾅 하는 병 깨지는 소리와 함께 "아이구, 아야" 하는 울부짖는 소리가 터져 나와서 나와 동료 기숙 학생은 무서워서 죽은 듯이 이불을 둘러쓰고 있다가 새벽이 되어 잠잠해지기에 뛰어 올라가 보았다. 북한에서 도망 와서 예과에 입학하여 함께 공부하는 '탈북 학생' 2명이 누가 누군지 알아볼 수 없게 눈과 얼굴이 피투성이가 되어 부어 있지 않은가!

해방과 자유의 기쁨을 채 맛도 보기 전에 한국은 좌익

테러의 수라장이 되고 있었다. 동료 학생들은 대부분 정치과나 법과에 진학하여 돈과 권력의 별빛을 꿈꾸고 있었을 때다. 나는 아무도 잘 가지 않는 철학을 공부하기로 마음을 굳히고 있을 때다.

벽에는 신동집 시인의 낙서가 남아 있었다.

동경은 파도 속에 깃들이며
때 안에 고향을 갖지 않더라
순이는 내 가슴에 향수의 화살을 쏘더니
순이 너는 나의 오랜 추상에 살더라
순이 빨갛게 사과 익은 과수원으로 가자꾸나
거긴 금단의 환락도 흐드러졌으리라.

나는 침대 옆 벽에다 실러(Schiller)의 다음 시를 낙서했다.

가슴 안의 성스럽고 고요한 공간으로
너는 삶의 압박으로부터 도피하여야 한다
자유는 오직 꿈의 왕국에 있고
아름다움은 오직 노래 속에 꽃핀다.

서울대 철학과에 진학하여 공산주의—마르크스주의를 극복하기 위해 헤겔과 칸트의 철학에 몰두하던 중 6·25 전쟁이 일어났다. 나는 1년간 휴학하면서 학도병으로 한국군 3사단을 따라 동해안으로 북진하다 중공군의 참전으로 남쪽으로 후퇴하였다. 공산주의를 극복할 수 있는 철학사상의 연구는 포기한 상태였다.

　그러던 중 일선에서 알게 된 캐나다 위생장교와 종군 기자의 도움으로 캐나다로 유학을 가게 되었고, 간 김에 미국에서 더 공부를 계속하기 위해 펜실베이니아 대학에서 박사학위 공부를 시작한 것이 1955년이었다. 전공을 철학에서 정치학으로 바꾸면서도 공산주의를 대체할 사상적 연구는 꿈의 그리움으로 남아 있었다.

　펜실베이니아 대학의 박사과정에는 4~5명의 교수와 5~6명의 박사후보들이 함께 앉아 토론하는 세미나가 있었는데, 하루는 나에게 2년 전(1953)에 출판된 러셀 커크(Russell Kirk)의 『보수주의 정신(The Conservative Mind)』을 읽고 세미나에서 발표하라는 것이었다. 나에게는 저자도 책 이름도 금시초문이었다.

　그런데 그 책이 내가 그동안 한시도 잊지 못한 공산주의 악몽을 추방해 주리라는 것은 하늘이 제공한 꿈이 아니고는 있을 수 없는 일이었다. 나는 그 책에 감격하고 감동되어 가슴이 떨렸다. 대중 앞에서 연설하는 웅변가처럼 손이 나도 모르게 책상을 치면서 세미나 발표를 끝냈다. 그로부터 60년이 지난 오늘까지 나는 예언자가 된 것 같고 승자가 된 느낌이고 진리와 동거하는 가장 행복한 인간이 된 느낌이다.

자유, 민주, 보수의 이념과 가치

인류 역사의 물줄기가 수천 년 이상 흘러 내려오다 보니 이제 그 주류는 어디에 있고 그 주류를 탄 역사의 주역이 누구인지를 가늠하는 것이 그다지 어렵지 않은 듯하다.

역사의 물줄기의 주류를 타고 내려온 주역은 인간 개인이다. 그리고 자유는 인간 개인의 속성이기 때문에 그 물줄기와 함께 간다고 하겠다. 다시 말하자면 가장 이성적인 동물인 인간은 자유를 안은 개인으로 창조되었고, 개인으로 태어나서(쌍둥이도 마찬가지) 평생 자유를 갈망하고 즐기는 개인으로 살다가 개인으로 떠난다. 이것이 고대 그리스 이후 오늘날까지의 세계 역사가 가르쳐 주는 귀한 교훈이다.

한국인은 아시아에서 가장 개인주의적인 동시에 가장 자유롭게 사는 국민이 되고 있다. 중국인은 그 국기(오성홍기)에 제일 큰 별로 상징되는 한족(漢族) 중심의 인종주의적 국민이고, 일본인은 개인보다 화합을 더 중요시하는 화합 지향적 국민이다. 한 국민의 개인주의적 성향에 외국인들이 깊은 인상을 받는다.

공산주의자들이 좋아하는 민족, 계급, 또는 공동체 등도 씨족, 부족, 종족 등처럼 개인 없이는 존재할 수 없다. 인종 국가나 종교 국가도 역사의 무대에서 후퇴하고 있다. 개인의 자유를 억누르는 경향이 있기 때문일 것이다. 모든 종류의 집단도 개인이 만든 개인의 집합체에 불과하다. 따라서 개인이 빠지면 거품처럼 사라지게 되어 있는 것이 집단이다.

미국은 흑, 백인종뿐만 아니라 거의 모든 세계 인종들이 뒤엉켜서 사는 나라인데 이 나라가 현재 세계사의 중심 무대이다. 현대 국가의 선두에 선 EU(유럽연합)도 민족 국가가 아니다.

비록 엄마의 품에 안겨 첫 울음을 터트리고 아내의 품에 안겨 마지막 숨을 거둔다 하더라도 인간은 결국 자유로운 개인으로서 자라고 자유를 꿈꾸는 개인으로서 살다가 개인으로 떠난다. 카이사르(시저), 나폴레옹, 세종대왕, 이순신도 그러한 개인이었다.

철학자 데카르트는 "나는 생각한다, 그러므로 존재한다"라고 했다. 생각하는 존재는 '나' 이외에는 따로 없다. 가족도 민족도 계급도 '생각하는 존재'가 아니다. 개인이 모인 집단이다.

숲은 안 보고 나무만 본다고 하겠지만, 숲 없는 나무는 있다. 그러나 나무 없는 숲은 없다. 구름같이 희미해지면서 사라져 가는 각종 집단 위에 밤하늘의 별과 같이 반짝이는 것이 있다. 바로 인류 역사의 주인공인 자유로운 개인이다.

개인은 그의 가족관계, 직장관계, 친구와의 관계 등 모든 사회관계를 합친 것 이상의 존재이다. 즉 사회관계를 형성하게 하는 핵과 같은 존재이다. 모든 것의 중심에 선 독립된 존재, 그 자신만의 꿈을 가질 수 있고, 외로운 나머지 자기 스스로 목숨을 끊을 수도 있는 존재이다. 동물 중에서도 가장 독자적으로 생각할 수 있는 동물이다.

따라서 개인은 모든 형태의 인간집단에 앞선 존재다. 그 정상에 있는 존재다. 가장 먼저이고 가장 근본적이고, 가장 으뜸이고 가장 마지막인 존재다. 개인은 모든 정치철학의 알파인 동시에 오메가다. 출발점이고 종착점이다.

개인주의Individualism

'Individualism'을 흔히 개인주의로 번역하지만, 사실은 '개인 중심주의'로 번역해야 옳을 것이다. 개인(individual)은 자아 또는 자기(ego)와 어떻게 다른가? 개인(중심)주의는 이기주의(egoism)와 어떻게 다른가?

나는 "나다" 하는 말과 나는 "개인이다"라고 하는 말은 다 같은 박근을 지칭하지만 말하는 목적과 상대가 다르다. 나는 "나다" 라고 할 때는 내가 내 자신을 상대로 하는 말이지만, 나는 박근이라는 "개인이다"라고 하였을 때는 다른 사람에게 나를 소개하고 있는 말이다.

나는 나를 위해서만 살겠다고 혼자 결심하면 이기주

의로 살겠다는 결심이 된다. 나는 자유민주주의의 세계화를 위해 내 여생을 바치겠다고 결심하면 그것은 그 개인의 자랑스러운 자기희생적 결단이 된다. 이기주의는 개인이 자기 이익을 위해서만 살겠다는, 개인주의의 한 변태이다.

'모든 개인은 삶의 동기가 자기 이익이다'라고 하는 이기주의의 관점도 있지만, 개인은 자아 이상의 존재이다. 자아를 다듬고 이끌고 변화시킬 수 있는 자유롭고 독립된 존재이다. 하늘이 이 세상에 내려 준 가장 강한 실체이다.

자유를 논함

개인과 이성과 자유는 서로 떨어질 수 없다. 모두 내적으로 연결된 인류 최고의 가치이다.

다시 말하지만 한국 사람은 아시아에서 가장 개인주의적인 동시에 가장 자유로운 국민이라고 믿는다. 아시아의 어느 나라 국민도 한국 국민만큼 자유롭지 못하다고 나는 자신있게 말할 수 있다. 언론의 자유, 집회의 자유, 정치의 자유, …. 대한민국은 자유의 왕국이 아닌가! 개인주의와 자유가 가장 강렬하게 박동치는 곳이 한국 아닌가! 세계 역사상 가장 놀라운 발전을 가장 단시일 내에 이룩한 자유의 나라이기 때문이다.

아시아에서 제일가는 이 자유의 터전에 통합진보당(2014년 12월 해산됨)이라는 자유의 적이 나타나는 것은 놀랍지 않다. 그러나 통합진보당은 단연코 자유의 터전에 용납될 수 없다. 그 이유는 간단하다. '자유를 이용해 자유를 말살'하겠다는 개인이나 조직은 자유의 터전이 용납할 수 없기 때문이다. 통합진보당은 당연히 해산되고 처벌받았어야 할 것이다.

고대 그리스 시대에 처음으로 거론된 자유의 개념은 기독교 사상과 함께 서구의 담론과 철학의 중심적 화제의 하나가 된다. 자유는 칸트와 헤겔 사상과 18세기의 계몽주의 사상을 거쳐 미국의 건국 이념으로 정착한다. 그 후 학문과 과학기술의 놀라운 발달을 촉진시킨 자유는 오랫동안 동양인에게는 낯선 개념이었다. 그러나 자유는 유럽 정치를 세계사의 선두에 서게 만든 가장 중요한 가치라고 할 수 있을 것이다.

인과법칙과 자유

인간은 자연세계를 지배하는 인과법칙을 초월할 수 있는 진짜 자유로운 존재인가? 세계 최고의 철학자로 지목되는 칸트도 이것은 입증할 수 없는 질문이라고 보았다.

사실 그 누구도 자유를 과학적으로 입증할 수 없을 것이다. 인간 정신이 인과법칙의 족쇄를 초월한 완전한 자유의 존재라고 믿는 것도 믿지 않는 것도 각자의 자유에 속하는 문제라 하겠다. 자유를 인간 이성의 속성으로 보고 그 가치를 인지한 철학자 칸트도 자유의 존재를 철학적으로 입증하지 못한다고 보았다.

인간은 왜 자유로운가

자유의 존재를 철학적으로 입증하든 못 하든 나는 인간이 자유로운 존재라는 것을 확고하게 믿는다. 그 이유는?

세계 역사의 흐름이, 자연의 인과관계를 활용한 인간의 과학기술이, 우리 속에서 우러나오는 자유에의 욕구와 염원이 "인간은 자유로운 존재"라고 외치고 있지 않은가! "자유가 아니면 죽음을 달라"고 외친 패트릭 헨리(Patrick Henry)의 목소리가 인간은 자유로운 존재임을 웅변하고 있지 않은가? 자유는 철학적으로 입증되고 되지 않고의 문제가 아니다. 인간 역사의 흐름과 역사적 현실이 자유의 존재와 힘을 입증하고도 남는다.

현실적으로 가장 자유로운 것은 인간 이성(reason)이다. 인간 안에 있는 '천사성(性)'이다.

재론할 팔요 없이 이성적인 존재일수록 자유로운 존재이다. 소나 개나 돼지나 원숭이도 이성은 있지만 인간에 비하면 거의 없는 것과 같다. 인간만이 거의 반반씩 야수성과 이성(천사성)으로 구성되어 있다고 하겠다. 그리고 이성의 본질은 자유이기 때문에 인간은 가장 강한 자유에의 욕구를 품고 사는 이성적 동물이다.

앞서 말한 대로 집단은 개인이 만들고 개인으로 구성되어 있기 때문에 자유도 개인의 자유를 떠나 따로 존재할 수 없다. 민족 해방이니 계급 해방이니 하며 집단에만 자유를 주면 목적이 달성된다는 것은 거짓이다. '해방'된 민족이나 계급이 얼마나 개인을 억압할 수 있는지, 히틀러와 스탈린이 입증하지 않았는가!

자유는 꿈의 왕국에

청량리에 있던 서울대 예과 시절, 일생을 마르크스주의와 공산주의를 극복하는 새 사상을 찾는 데 바치겠다고 마음먹은 나는 빈델반트(Windelband)의 『서양철학사』에서 실러(Johann Chiristoph Friedrich von Schiller, 1759~1805)의 다음 시를 접한 적이 있다.

가슴 안의 성스럽고 고요한 공간으로
너는 삶의 압박으로부터 도피하여야 한다
자유는 오직 꿈의 왕국에 있고
아름다움은 오직 노래 속에 꽃핀다.

In des Herzens heilig stille Raume

Musst du fliehen aus des Lebens Drang.

Freiheit ist nur in dem Reich der Träume

Und das Schöne blüht nur im Gesang.

실러 시인은 100년, 200년 후에 서유럽이 자유의 세계적 터전이 되리라고는 꿈에도 생각 못 한 채 이승을 떠났을 것이다. 그 당시 서유럽의 이곳저곳에서 벌어지는 전쟁과 억압, 그리고 잔인한 프랑스 혁명 앞에서 "자유는 오직 꿈의 왕국에 있으니 그곳으로 도피하라"고 외쳤으니 말이다.

2015년은 동독 국민들이 베를린 장벽을 망치로 깨고 서독으로 홍수처럼 몰려나온 지 26년이 되는 해다. 북한 주민이 휴전선 철조망을 끊고 자유의 품속으로 뛰어드는 건 언제일는지 혼자 가슴에 그리면서—

나는 실러의 이 시를 북녘 동포에게 바친다.

우리는 "보따리 등에 메고 넘은 고갯길 / 산새도 나와 함께 울고 넘었지 / 자유여 너를 위해, 자유여 너를 위해 / 이 목숨을 바친다"('가거라 삼팔선', 남인수 노래)의 세대다. 그런데 아직도 '보따리 등에 메고 천 리 만 리를, 구름도 눈물을 함께하면서' 자유를 찾아서 해 저무는 대륙의 산과 강을 헤매는 북한 동포를 생각하면 눈시울이 때아니게 흐려져야 하는 우리인가!

자유는 자립의 어머니

결론적으로 말해 가장 이성적인 동물인 개인은 가장 자유로운 동물이고 가장 강한 자유에의 욕구를 안고 사는 동물이다.

칸트는 개인을 하나의 수단으로 취급하지 말고 언제나 목적으로만 취급하라는 우리 이성의 명령을 '정언(定言)명령'이라고 불렀다.

16세의 한 미국 소녀가 2010년 1월 홀로 세계 일주 요트 항해를 떠났다가 바다에서 요트 고장과 폭풍을 만나 6개월 후에 인도양에서 구출되었다. 이를 두고 그 소녀의 부모가 무책임했다는 비난이 쏟아지자 그녀의 아버지는 "매년 교통사고로 숨지는 청소년이 많다고 십대의 운전을 막는다면 얼마나 어리석은 짓이냐"며 "우려가 지나친 나머지 아이의 모험심을 막는 요즘 부모의 과잉 보호가 문제"라고 반박했다. 미국인다운 부모다.

아이는 부모의 품으로부터 떠나 독립하는 것이 빠를수록 좋다. 미국이 세계 제일가는 나라가 된 것은 '자유로운 개인의 나라'이기 때문이다. 16세의 소녀 모험가나 그의 아버지 선덜랜드나 그런 그녀를 길러낸 부모, 모두가 다 훌륭하다. 전형적인 미국의 개인자유주의에 사는 자다.

테러로 시작된 21세기에 새로운 자유의 먼동이 트고 있는 느낌이다. 앞으로 홍콩에서, 그리고 중동과 아프리카에서 자유의 폭풍이 점점 더 거세질 듯한 느낌이다.

인류 역사는 개인을 위한 자유와 개인에 대한 억압 간의 싸움의 역사다. 그리고 자유가 억압을 이겨나가는 과정을 기록한 시간표다. 역사는 계곡을 타고 흐르는 물줄기와 같다. 물줄기가 낮은 곳을 향해 흐르듯이 인간의 역사는 자유를 향해 흐른다. 낭떠러지가 있으면 폭포가 되고 바위나 언덕이 있으면 돌아 가고 넘어간다. 자유의 물줄기는 점점 커지면서 바다를 향해 흘러간다. 언젠가는 완전한 자유의 왕국, 푸른 바다에 다다를 때까지.

인류의 역사는 '더 자유롭게'

역사는 개인의 자유를 향한 끊어지지 않는 두 개의 물줄기로 이루어져 있다. 그 하나의 물줄기는 인간 이성의 산물인 과학과 기술의 발달이다. 그리고 그와 연계되어 발달한 각종 생활 수단의 향상이고 개선이다.

모든 과학기술의 역할과 가치는 궁극적으로 개인을 시간과 공간, 자연과 물질의 족쇄로부터 조금이라도 더 해방시켜 주는 데 있다. 조금이라도 더 자유롭고 더 힘 있는 존재로 만드는 데 있다. 자동차와 항공기, 전화와 컴퓨터의 역할을 보면 쉽게 알 수 있는 진리다.

과학기술의 발달은 인간 활동의 공간을 축소시킨다.

지구를 작은 마을로 만든다. 그리고 인간의 시간을 연장 시킨다. 개인에게 영생을 준다. 개인을 한없이 오래 살게 해 준다. 다시 말하자면 70년의 한평생을 두고 미국을 한 번 구경하기도 어렵던 인간이 이제는 1년에 몇 번이고 왔다 갔다 할 수 있게 되었다. 70년의 인생은 이제 700년, 아니 천 년 이상의 인생이 된 것과 마찬가지다.

인간이 자유로운 존재이기 때문에 학문과 과학과 기술이 발달하고 또 그것들의 발달로 인해 인간은 더욱 더 자유롭고 강한 개인으로 커 나간다. 자연의 노예 신세로부터 벗어난다. 여기에다 손안에 쥐고 다니는 개인별 최첨단 스마트폰 등은 개인을 한없이 현명한 존재로 만들고 있다. 더 현명한 개인은 더 강한 개인이고 더 강한 개인은 더 자유로운 개인이다.

다른 또 하나의 물줄기는 더 강하고 자유로운 개인을 위해 봉사하는 정치와 사회제도의 발달이다. 과학기술의 발달이 개인을 시간과 공간과 자연의 제약으로부터 해방시키고 있다면, 정치는 개인을 권력의 억압으로부터 해방시키고 있다. 정치의 목적과 목표는 개인이 더 자유롭고 강한 존재가 되도록 정치체제를 발전시키는 데 있다. 자유민주주의의 등장과 승리는 이 물줄기의 힘을 입증하고 있고 그 도착지를 가늠하게 해 준다.

그렇게 보면 역사는 '더 자유롭고 강한 개인을 위해 흐르는 물줄기'이다. 학문, 과학, 기술, 예술, 정치의 역사는 개인의 위상을 높이는 데 직접, 간접적으로 이바지하기 위해 흘러 내려온 물줄기다. 그렇기 때문에 인류 역사는 굴곡을 그리면서도 꾸준히 더 높고 자유로운 개인의 위상을 향해 전진해 왔다. 더 자유롭고 강한 개인의 세계로 한 발짝씩 다가서고 있다.

헤겔의 오류

마르크스의 사상적 아버지 격인 헤겔도 중대한 철학적 오류를 범했다. 인간 이성을 개인의 이성으로 보지 않고 개인으로부터 독립된, 추상적이고 보편적인 정신적 실체라고 본 것이다. 헤겔의 이성은 개인의 이성이 아니고 따로 있는 어떤 보편적 이성인 것이다. 개인 안에 있는 이성은 이 보편적 이성의 일부분에 불과하다는 것이다.

　그는 이성의 본질인 자유마저도 개인에서 떨어져 존재하는 보편적 이성의 속성으로 보고 있다. 말 타고 가는 나폴레옹을 보고 "저기, 세계정신이 지나간다"고 했다는 것을 보아도 헤겔에게는 개인보다 세계정신, 또는 세계

이성이 더 중요한 실체였던 것이다. 그러다 보니 개인과 개인의 자유는 바다 위의 작은 파도 같은 존재로 내려앉았다. 헤겔은 결국 마르크스주의와 공산주의, 그리고 현대에 와서는 히틀러의 국가사회주의(나치즘)의 사상적 모태 역할을 하게 된 것이다.

현대에 와서도 공동체(community)가 개인 위에 있고 공동선(Common Good) 혹은 루소의 '일반의지' 같은 것이 개인의 이익이나 복지보다 위에 있고 앞선다는 사상이 하버드의 마이클 샌델(Michael Sandel) 교수 같은 학자에 의해 주장되고 있다. 공산주의(Communism)란 단어도 단적으로 말해 공동체주의(Community—ism)와 사촌 간의 표현이다.

이들 공동체주의 사상은 그러나 무지개보다도 실체가 없다. 도대체 공동체가 개인을 떠나 따로 있을 수 있는가? 민족공동체주의는 개인의 자유를 짓밟은 나치의 민족 지상(至上)으로 이어지고, 사회공동체는 사회주의나 공산주의로 이어질 수 있는, 구름같이 실체가 없는 개념이다.

마거릿 대처(Margaret Thatcher) 전 영국 총리는 공동체 이론의 위험성을 꿰뚫어 본 현대 보수 정치가의 거성이다. 그는 "사회나 공동체는 존재하지 않는다"고 잘라 말했다. 한마디로 말해 공동체라는 개념은 개인의 집단에 붙인 실체가 없는 단어다. 공동체나 공동선은 따로 존재하지 않는다. 사회라는 개념도 마찬가지다. 그것은 개인을 억압하고 개인의 자유를 제한하기 위해 만들어진 말꾸밈이다.

　진실로 인류 역사는 개인의 자유와 이성의 발달사라고도 할 수 있다. 고대 그리스의 아테네, 고대 로마와 천주교의 중세기, 르네상스와 종교개혁, 계몽주의와 산업혁명, 자본주의와 민주주의 정치의 부활, 그리고 현대 자유민주주의, 이렇게 흘러 내려온 세계사는 어떻게 보면 서양 중심의 흐름이기도 하다. 인류의 다수를 차지하는 아시아, 중동, 아프리카는 그 흐름의 변두리에 있는 지류 노릇을 해 온 느낌이다. 그 이유는 다른 데 있지 않다. 자유의 물줄기가 주로 유럽을 중심으로 흘러 내려왔기 때문이다. 개인과 자유는 오랜 세월에 걸쳐 유럽 문명의 담론 속에 뿌리를 내리고 있는 중요한 개념이고 가치다. 아시아의 3대 사상인 불교, 유교, 도교에서는 찾아보기 힘든 가치다. 한마디로 말해 세계에서 가장 큰 자유의 물결을 아시아가 탈 때까지는 역사의 주류는 당분간 유럽과 미국에서 흘러내릴 것으로 보인다.

　그런데 우리는 수억 년에 걸쳐 이 지구상에서 살아남고 또 육체적으로 정신적으로 진화해 왔다. 많은 곡절을 겪으면서도 인간 이성이 꾸준히 인간의 야수성을 다듬어 오고 다스려 왔다고 할 수 있다. 인류는 공룡처럼 소멸되지도 않았고 야수로 전락하지도 않았다. 오늘날의 삶의 경지까지 도달한 것은 우연이나 기적일 수도 있고 또 조물주의 뜻일 수도 있다. 여하튼 간에 너무도 오랫동안 너무도 크게 펼쳐진 인간 개인의 발전 드라마, 이것이 한마디 말로 줄인 인류의 역사가 아니겠는가?

이 인류 역사는 인간의 이성, 즉 '천사성'이 인간의 야수성 또는 비이성적 측면보다 조금이라도 강하고 우세하다는 것을 암시해 주고 있다. 이것이 인류 역사의 가장 큰 교훈일 것이다. 학문, 과학, 기술과 예술의 끝없는 발달뿐만이 아니다. 도덕과 윤리에서도 오르락내리락하면서 결국 인간의 이성이 인간의 야만성을 견제하고 제압하여 온 것을 긴 역사는 입증해 주고 있다. 이것이 가장 이성적인 동물로서의 인간의 역사적 발자취이고 인간 역사의 진행 방향이라 해야 할 것이다.

되풀이 말하자면 인간 역사는 개인의 자유의 행진곡이다. 일단 노예가 해방되고 농노가 폐지된 이상 인간 역사는 노예나 농노를 다시 끌어들이는 것을 허용하지 않는다. 남아프리카공화국의 인종 차별도 마찬가지다. 자유에 관한 한 역사는 뒷걸음질하는 것을 허용하지 않는다.

제2부

정 치

훌륭한 자유민주주의 정치가는 늘 가슴속에
한 가지 목표와 소신을 간직해야 한다.
'개인의 자유와 권리를 보호하고 신장하는 것이
나의 염원이고 신념'이라고 되새기면서 활동해야 한다.
그리고 늘 다음과 같은 질문을 던지면서
정책을 세우고 결정하는 사람이어야 한다.
"이 정책이나 이 조치는 단기적으로 혹은 장기적으로
개인의 자유와 권리를 강화하고 신장하는 데 기여할 것인가,
아니면 개인의 자유와 권리를 위축시키고
개인을 더 가난하고 힘없는 존재로 만들 것인가?
혹시 국민의 이름으로, 또는 다수의 이름으로
개인의 자유와 권리를 억압하는 일은 아닌지?"

가짜 민주주의의 함정

잘 아는 바와 같이 민주주의(democracy)라는 말은 국민이 스스로를 다스린다는 뜻이다. 국민이 직접 스스로를 다스리면 '직접민주주의'고, 그들이 선출한 대표를 통해 간접적으로 다스리면 '대의민주주의' 또는 '간접민주주의'다. 그 어느 쪽이든 간에 민주주의는 국민이 나라의 주권자가 되어 직접 또는 간접적으로 그들의 주권을 행사하여 스스로를 다스리는 제도이다.

국민이나 그들 대표들에 의한 나라 일의 결정은 대개 다수결 절차를 통해 이루어진다. 선거도 입법 절차도 대개 다수결에 의한다. 그러다 보니 민주주의는 선거와 다수결만 있으면 된다는 생각에 빠지기 쉽다. 민주주의의 이름으로 다수가 소수의 자유와 권리를 제한한다든가 박탈하는 일이 정당하다는 주장을 내거는 독재자가 나오게 된다.

그러나 다수에 의해 언론, 집회의 자유라든가 종교의 자유, 혹은 재산권 같은 국민의 기본권을 짓밟는 것은 '다수의 횡포'이다. 민주주의와 다수의 이름을 훔쳐 와 개인의 기본 권리와 자유를 억압하는 '민주독재'(이는 모순 개념이고 거짓 민주주의다), 즉 공산 독재가 지금 이 순간에도 '민주주의인민공화국'이라는 탈을 쓰고 한반도 북쪽에 도사리고 있다. 그들은 "우리가 노동계급을 대표한다. 노동계급은 다수를 차지한다. 따라서 우리가 진짜 국민이고 진짜 민주주의다"라고 주장하면서 민주주의 인민공화국의 명패를 달고 다닌다.

유럽이나 미국같이 국민의 자유와 기본권을 존중하기 위해 발전된 민주주의는 이런 개념의 혼동에 유혹되지 않는다. 그곳의 민주주의는 개인의 자유와 기본권과 국민주권을 따로 떼어서 생각하지 않는다. 그러나 20세기에 공산주의 사상이 퍼지면서 유산계급 민주주의(부르주아 독재)니 무산계급 민주주의(프롤레타리아 독재)니 하는 용어가 퍼지게 되었다.

아시아, 아프리카의 가난한 신생 국가에는 무산계급이 유산계급보다 수적으로 많은 것이 사실이다. 그런 곳에서는 공산 독재자들이 말하는 '인민민주주의'가 진짜 민주주의 같은 인상을 줄 수 있다. 이는 민주주의를 '다수에 의한, 다수를 위한, 다수의 지배'라고 이해하기 때문에 빠지게 되는 함정이다.

좌익 사상에 빠진 자나 공산주의자들은 '인민민주주의(무산계급 독재)'가 진짜 민주주의이고 자본주의 사회에서 발달한 민주주의는 무산계급을 착취하고 탄압하기 위한 '부르주아 독재(유산계급 독재)'의 별명에 불과하다고 주장한다. 그들이 민주주의를 부르주아 민주주의라고 호칭하면서 그것은 소수의 유산계급이 다수의 무산계급을 착취하기 위한 독재의 가면이라고 외치면, 가난한 나라의 국민들은 '아! 역시 일리가 있는 말이 아니냐' 하고 느끼게 된다. 해방 후에 나타난 공산주의청년동맹의 이름도 '민청(민주주의청년동맹)'이었고 오늘날에도 좌파 변호사들은 그들의 모임을 '민변(민주사회를위한변호사 모임)'이라고 이름 붙이고 있다.

그리하여 아직도 절대빈곤 속에서 허덕이고 있는 신생국의 일부 젊은 청소년들은 "도대체 어느 쪽이 참된 민주주의냐?"고 의문에 빠지게 된다. 한때 여러 신생국

청년들이 공산주의 주장에 매혹된 때도 있었다. 1990년대 초까지 얼마나 많은 젊은이들이 이런 공산주의자들의 궤변에 매혹되어 꽃다운 청춘을 안고 광란의 파도 속에 뛰어들었던 것인가.

민주주의에는 다수를 차지하는 노동계급에 의한 '프롤레타리아 민주주의', 또는 '인민민주주의'가 있고 또 다른 한편에는 유럽 전통에서 발달한 '전통적 민주주의', 즉 공산주의자들이 말하는 유산계급의 '부르주아 민주주의'라는 두 종류의 민주주의가 있는 것이 아니다. 한마디로 말해 인민민주주의나 민중민주주의는 민주주의가 아니다. 사기술에 불과하다. 민주주의는 개인의 권리와 자유를 위한 민주주의가 있을 뿐이다. 소련 공산주의의 해체와 냉전에서의 패전은 가짜 민주주의의 패망을 뜻한다.

그러면 '자유민주주의'의 본질은 무엇인가? 가짜 민주주의인 '인민민주주의' 혹은 '민중민주주의'와 어떻게 다른가?

『공산당 선언』에 따르면 공산주의의 최고의 목표는 사유재산 제도의 폐지를 통해 궁극적으로 "계급 없는 사회", "만인이 평등한 사회"(만인이 자유로운 사회가 아닌)를 건설하는 데 있다고 한다. 사유재산이 인간을 불평등하게 만든다. 타고난 재주나 능력이 아무리 다르더라도 사유재산만 없애면 인간은 평등하게 살 수 있다. 사유재산을 어떻게 없애느냐? 간단하다. 국가권력의 독재를 통해 개인의 재산을 몰수하고 다시는 개인이 재산을 갖든가 사재지 못하게 하면 될 것 아닌가? 개인이 소유하는 것이 없으면 만인은 빈손으로 평등해질 것이고 먹고 자고 입고하는 것도 국가가 배급해 주면 될 것 아닌가? 이리하여 국가가 땅과 집과 생산수단을 독차지하고 개인은 국가가 하라는 대로 한다. 국가는 개인을 먹여 살리는 대신 개인은 국가의 노예가 되어 살게 된다.

때와 장소와 공산독재자의 기질에 따라 작은 차이는 생기겠지만 큰 그림은 마찬가지다. 주인이 먹여 살리고 주인이 시키는 일을 하고 자기 것이라곤 입에 넣고 씹는 풀과 지푸라기뿐이다. 묵묵한 소가 된다. 먹이가 모자라면 "각자 해결하라"고 명령한다. 허리 굽은 할머니가 보따리를 등에 메고 산으로 들로, 두만강 너머로 먹을 것을 찾아 헤맨다. 이것이 공산주의(북한식 사회주의)의 이상과 꿈, 즉 '말과 이론'이 현실화된 슬픈 그림이다.

현실은 식량도 제대로 생산이 안 된다. 국민은 배고픈 국민이 되고 만다. 모든 국민은 자유마저 잃은 노예의 개인이 되고 만다. 공산주의 특권층은 잘 먹고 잘사는 고급 노예이고 일반 국민은 잘 먹지도 잘살지도 못하는 배고픈 하급 노예다.

소수의 고급 노예는 말할 것도 없고 대다수 하급 노예들마저도 점점 어려워져 가는 국가의 배급제도에 희미한 기대를 걸면서 국가가 내미는 구원의 손에 매달려 산다. 혹시나 살기가 좀 나아지지나 않을까 학수고대하면서 괴로운 삶을 이어 간다. 거기에는 평등도 없고 자유도 없다. 오직 김정은이란 독재자의 권력 독점과 권력의 영구 보전을 위해 사유재산을 못 갖게 하고 국민은 개같이 국가가 주는 먹이를 얻어먹게 하고, 인민공사에 노예같이 매달려 살게 한다. 인민공사만 해체해도 식량 생산을 몇십 배 또는 몇백 배 늘릴 수 있는데도 권력의 독점과 유지를 위해 인민공사에 매달리게 한다.

한편 공산당(노동당)은 재산과 권력의 독점을 통해 국민을 휘어잡고 절대적 독재정치의 재미와 즐거움을 영원히 즐기려는 환상에 빠진다. 권력에 취하면 권력을 놓으려 하지 않는다. 절대적 권력은 절대적으로 놓지 않는다. 권력을 아들에게 손자에게, 가능하면 대대로 물려주고 물려받기를 바란다. 봉건군주, 봉건독재자가 21세기에 되살아난다. 이것이 김정은 체제, 소위 '인민민주주의' 또는 '민중민주주의'의 실체다. '인민'이니 '민중'이니 하는 단어는 '노동자, 농민'이니 하는 말과 함께 이들의 이름으로 권력을 잡아 독재하는 노동당(공산당)과 그 집권자들의 사기 단어들이다. 그것은 전체주의 독재를 영속시키기 위한 가장 사악하고 비인간적인 사기극이다.

이런 체제의 유지는 억압뿐만 아니라 폐쇄성이 유지되어야만 얼마간이라도 유지될 수 있다. 그것도 겨우 중국에 매달려서. 말을 바꾸자면 오늘날 북한은 '중국에 매달려 사는 폐쇄된 노예국가'다. 오늘날 북한의 벌거벗은 현실은 이렇다.

이런 체제는 오래갈 수가 없다. 그 이유는 간단하다. 인류는 동물 중에서 가장 이성적인 동물이다. 따라서 인류 역사는 가장 자유로운 동물이 헤쳐 나가는 비단 물결의 계곡이다. 고대 그리스 시대부터 현대까지 이어지는 역사의 드라마는 절대적 권력을 휩쓸고 쓰러뜨린 힘찬 물줄기이기 때문이다. 개인의 자유와 힘을 강화시키는 싸움터이기 때문이다.

왜 소련이 『공산당 선언』에서 말한 유토피아의 건설에 실패하고 북한 체제가 막다른 골목에 다다르고 있는 것일까? 그 이유도 간단하다. 사유재산은 개인의 자유를 위해 없어서는 안 될 수단이다. 인간이 백 퍼센트 하느님 같은 이성적인 동물이라면 사유재산도 필요 없고 자유를 위해 싸울 필요도 없을 것이다. 그러나 인간은 천사가 아니기 때문에 사유재산을 없애면 악마가 개인을 지배하게 된다.

비밀투표와 자유로운 경쟁선거를 통해 권력을 잡았다고 해서 곧 민주주의가 되는 것은 아니다. 국민 다수의 뜻에 따라 권력을 잡았더라도 그 선출된 권력이 다수의 뜻이라고 하여 '횡포'나 '독재' 정치를 자행하는 것을 '다수의 횡포' 또는 '다수의 독재'라고 부른다.

공산주의가 인민민주주의 또는 민중민주주의의 이름으로 개인의 기본 권리나 자유를 박탈할 때도 '다수의 이름' 즉 '인민'을 내세운다. 이것은 다수의 횡포이고 독재다. 더욱이 북한에는 선거다운 선거마저 없다.

선거다운 선거, 즉 보통·평등·자유·비밀 투표를 통해 국민이 선출한 국회일지라도, 언론의 자유 같은 개인의 기본 권리를 제한하는 법을 만드는 것은 '다수의 횡포'에 속한다. 또한 법률에 의해서라도 국민의 기본권에 손을 댄다면 그것 역시 다수의 횡포다. '법률의 유보'로써 자유와 인권을 제한할 수 있게 한 헌법 조문들이 많던 때가 있었는데 이는 모두 다수의 횡포를 허용하는 조문들이었다.

진짜 민주주의는 자유다

자유민주주의에서 경쟁적이고 보편적인 비밀투표에 의한 선거는 기본이고 첫 발걸음이다. 다수결에 의한 정책 결정도 기본이다. 그러나 그것으로 자유민주주의가 되는 것이 아니다.

우선 이념부터 들여다보자. 자유민주주의의 최고의 이념과 목표는 개인의 자유와 존엄성(권리)(Freedom and Dignity (Rights) of the Individual)이다. 따라서 자유민주주의는 선거나 다수결 원칙 위에 국민의 자유와 권리가 군림한다. 특히 선출된 권력에 대한 견제와 제한을 필수로 한다. 다수의 횡포에 대한 방어 장치가 있어야 한다.

대통령이나 국회가 국민에 의해 뽑혔다고 해서 마음대로 국민의 권리와 자유를 짓밟을 수 없는 제도가 자유민주주의 제도다. 한 국가의 개인의 자유뿐만이 아니다. 전 인류의 개인의 자유가 자유민주주의의 목표이고 목적이다. 국가의 독립, 민족의 해방, 이것들은 그 국가나 민족 안에 있는 개인의 자유를 위해, 개인의 자유를 실현하고 신장하기 위해 필요한 '매개적 자유'에 불과하다. 국가나 민족이나 계급의 이름으로 개인의 자유를 억압하면 그 존재 이유를 상실한다.

공산주의는 계급의 해방과 계급의 자유가 목표이고 자유민주주의는 개인의 해방과 개인의 자유가 목표다. 자유민주주의의 목표는 국가도 아니고 민족도 아니고 특정 계급도 아니다. 피부색이 다른 소위 '인종'도 아니다. 종으로서의 '인류 자체의 해방'(다른 동물로부터, 또는 자연환경으로부터의 해방)도 개인의 해방이 따르지 않는 한 별 의미가 없다. 씨족이나 부족이나 민족도, 유산계급이나 무산계급도, 인류나 인종도 모두 사람의 머리가 지어낸 집단적 개념이다.

산에 자라는 나무를 예로 든다면 '숲'에 해당한다. 숲은 나무들이 모여서 이룬 한 집단적 현상이다. 나무 없는 숲은 있을 수 없으나, 숲이 없는 나무는 있을 수 있다. 숲과 나무 중에서 나무만이 '실체'다.

인간도 마찬가지다. 개인 없는 집단은 존재하지 못하지만 반대로 집단 없는 개인, 예를 들자면 '고독한 개인'은 존재한다. '나무를 보지 말고 숲을 보라'고 외친 사회학자들, 그리고 사회주의와 공산주의자들, 이들은 집단을 연구하고 분석하기 위해 개인이나 나무를 등한시했다. 그 결과 개인을 억압하는 정치제도의 옹호자로 전락하게 된다. 이 우주에서 조물주는 개인만을 창조했지 어떠한 집단도 창조하지 않았다.

따라서 훌륭한 자유민주주의 정치가는 늘 가슴속에 한 가지 목표와 소신을 간직해야 한다. '개인의 자유와 권리를 보호하고 신장하는 것이 나의 염원이고 신념'이라고 되새기면서 활동해야 한다. 그리고 늘 다음과 같은 질문을 던지면서 정책을 세우고 결정하는 사람이어야 한다.

"이 정책이나 이 조치는 단기적으로 혹은 장기적으로 개인의 자유와 권리를 강화하고 신장하는 데 기여할 것인가, 아니면 개인의 자유와 권리를 위축시키고 개인을 더 가난하고 힘없는 존재로 만들 것인가? 혹시 국민의 이름으로, 또는 다수의 이름으로 개인의 자유와 권리를 억압하는 일은 아닌지?"

실례를 국내 정치 현장에서 찾아보자.

이를테면 4대강 사업은?

4대강 수질 개선과 녹색환경 보존을 위한 사업은 경부고속도로 건설과 같이 개인의 자유 신장에 도움이 될 것임을 국민은 본능적으로 느낄 것이다.

대운하 사업은?

개인의 자유 신장에 어떻게 도움이 될지 직관적 느낌도 없고 납득할 만한 설명도 없다. 따라서 국민의 지지도 분열된다.

세종시는?

정부 권력의 중앙 집중은 개인의 자유 신장에 위배되고, 지방으로의 분산은 자유 신장에 도움이 될 것이다.

이런저런 모든 사업들이 끝에 가서 경부고속도로처럼 개인을 더 자유롭고 강하게 하는 데 이바지할 것인가, 아니면 어떤 집단이나 집권자의 힘만 보전하고 키워서 개인의 자유와 권리를 억압하고 견제하는 데 이용될 것인가? 오늘날 이승만 대통령의 자유민주주의 건국과 박정희 대통령의 근대화와 산업화가 역사적 평가를 받는 이유는 이런 질문에 대한 긍정적 회답이 담겨 있기 때문이다.

인간 평등의 참뜻

자유는 인간의 여러 염원 중에서 그 중심에 있고 그 정상에 있다. 인간이 자유로운 존재가 아니라면 왜 인간이 자유를 염원하겠는가? 왜 인류 역사는 동물의 역사와 다르게 그려졌겠는가? 인간에게 가장 두렵고 역겨운 신세는 새장 안의 앵무새 혹은 목줄에 묶여 끌려 다니는 삽살개 신세가 아니겠는가?

　벤담과 밀 등 영국의 공리주의 철학자들은 '최대 다수의 최대 행복'을 정치의 목표로 제시했다. 그러나 그것은 다수의 행복을 위해 '소수'를 등한시하거나 희생시켜도 된다는 뜻이 아니다. 다수이든 소수이든, 또는 어떠한 집단이든 간에, 모든 정치의 최고 최종 목표는 '개인의 자유와 권리'의 강화와 신장에 있고 또 있어야 한다. 유전자마저 선천적으로 각자 다르게 태어난 것이 개인이다. 이 개인을 더 자유로운 존재로 만드는 데 이바지하자는 것이 자유민주주의의 목적이고 목표이다.

일부 좌익 학자는 개인의 선천적인 불평등은 인정하되 후천적으로 인간의 작위에 의해 조장된 불평등, 예를 들면 상속에 의한 부의 불평등은 제거하자는 것이 사회주의나 공산주의의 목표라고 한다.

그러나 모든 인위적 불평등도 따지고 보면 그 뿌리는 개인의 유전자적 차이에서 조장된 것이 아니겠는가. 인위적 불평등과 대자연의 불평등은 서로 뗄 수 없게 엉켜져 있다.

이 개인의 다양성은 꽃잎 하나하나, 풀잎 하나하나가 모두 다른 것처럼 대자연의 최고의 작품이고 최고의 법칙이다. 이것에 도전하는 어떠한 인간도 좌절하게 되고 실패하게 마련이다. 그것은 자기거부이고 자기부정이기 때문이다. 우리가 보기에 어떤 꽃은 더 아름답고 어떤 풀은 더 추해 보인다. 그렇다고 모든 꽃이나 풀을 똑같게 만들 수는 없다. 또 그렇게 만들어지지도 않고 또 만들어서도 안 된다.

"모든 인간은 평등하게 창조되었다."

이 말은 미국 독립선언문에도 나오는 서유럽의 전통적 사상이다. 동양에서도 인간은 "공수래, 공수거(空手來, 空手去)", 빈손으로 왔다 빈손으로 간다고 한다. 모두 발가벗고 평등하게 태어났다는 뜻이다. 이 말들은 그 당시 인간 유전자의 존재를 몰라서 나온 무지의 말놀이가 아니다. 태어난 아이가 하나도 똑같지 않다는 것을 알고 있었지만, 모두 평등하게 창조되었다고 믿었다.

모두 평등하게 창조되었다―그 뜻은 무엇인가?

첫째, 알몸 하나만 가지고 빈손으로 태어났다. 재산도 지위도 신분도 없는 알몸만 가졌다는 뜻이다. 황태자의 명패나 거지아이들의 딱지를 붙이고 이 세상에 나타나지 않았다는 뜻이다.

둘째, 따라서 그 알몸의 아이는 인간으로서 똑같은 기본 권리를 갖는다고 믿었다. 살 권리, 자유의 권리, 행복 추구의 권리 등 인간이 하나의 생명으로서 존재하는 데 따라오는, 누구도 뺏을 수 없는 기본 권리를 갖고 태어났다고 믿었다. 즉 인간의 존엄성에 있어서는 모두가 평등하다고 믿었다.

이 사상이 최초의 성문헌법인 미국의 헌법에 「권리 장

전(The Bill of Rights)」의 형태로 정착되었다. 그 후 모든 현대 국가의 성문헌법 안에 제 각각의 권리장전이 여러 형태의 얼굴을 띠고 선보이게 되었다.

다시 말하자면 자유민주주의의 평등관은 개인의 자유와 권리의 평등, 즉 개인의 존엄성의 평등을 말한다고 하겠다. 따라서 개인은 그의 인생에 있어서 기회의 평등과 경쟁 규칙의 평등한 적용을 받을 권리를 갖는다.

이에 비해 공산주의의 평등관은 개인의 소유와 지위의 평등을 추구한다. 적어도 명분과 구실에서는 그렇다고 하겠다. 이런 입장이 유전자의 다양성과 개인의 기본적 자유와 권리에 얼마나 어긋나는가! 얼마나 억압적인가! 지난 100년간의 역사가 웅변적으로 증명하고 있다.

"개인은 평등하게 알몸으로 태어나, 불평등하게 자라고 불평등하게 살다가, 평등한 알몸으로 떠난다."

이것이 자유민주주의의 인생관이고 세계관이다. 이것이 삶의 역사이고 고금을 통해 불변한 삶의 법칙이다. 이것이 자유와 평등의 본질이다.

평등을 내세워 그것을 위해 모든 것을 희생하도록 강요하는 공산주의 체제도 끝끝내 평등한 사회, 평등한 인간의 실현에 실패했다. 공산당원과 비당원 간의 차별, 신분에 따른 물질과 부의 차이, 모두 평등과 상치되는 공산주의적 불평등의 표본이 되고 말았다. DNA를 포함해서 자연이 준 인간의 근본적 다양성과 차이를 무시한 평등주의는 억압으로 이어지는 악몽에 지나지 않는다. 우리는 사회주의와 공산주의 사상의 역사적 실험과 실패에서 너무 잘 배웠다.

인민민주주의는 사기다

모든 권력의 원천이 국민이지만, 국민은 선거를 통해 그들의 대표를 뽑고 그들의 권한을 그들의 대표에 위임하여 행사토록 하는 소위 간접민주주의, 또는 대의민주주의가 오래전부터 편의적인 체제로 정착하여 왔다. 그 결과 민주주의는 선거와 대의제와 다수결 제도의 3요소만 구비되면 충분하다는 사상이 나타났다.

정치적 동물인 인간은 옛날부터 여러 종류의 '국가'를 만들어 그 안에서 살아왔다. 씨족국가, 부족국가, 민족국가, 군주국가, 귀족국가, 독재국가, 과두독재국가, 종교국가, 공산국가, 연방국가, 민주국가, 자유민주국가,

그리고 이것들이 혼합된 여러 형태의 혼성국가 등등, 그 종류는 많고 다양하다. 이 중에서 자유민주국가는 국민이 권력의 주인이고, 선거를 통해 그 권력을 정부, 특히 입법부와 행정부에 위임하고, 다수결 원칙으로 그 권력을 행사한다.

앞서 말한 대로 선거로 집권자를 뽑고 다수결로 권력을 행사하는 것을 민주주의라고 정의하다 보면 어떤 형태의 국가든 민주국가라고 자칭할 수 있을지 모른다. 민주주의를 찬양하는 시대가 오고 보니 상반된 체제를 놓고 독재를 하면서도 내가 '진짜' 민주주의라고 떠드는 '사기 민주주의' 시대가 온 것이다.

심지어 공산주의자들마저 선거와 대의제도와 다수결을 통해 일당독재를 하면서도 자기들의 체제를 민주주의라고 자처하게 되었다. '부르주아 민주주의, 즉 유산계급에 의한 민주주의는 노동계급을 탄압하기 위한 부르주아 독재다. 인민의 다수를 차지하는 노동계급이 선거를 통해 선출한 그들의 대표가 다수결 원칙을 통해 통치하는 제도, 즉 프롤레타리아 민주주의(인민민주주의)가 진정한 민주주의다.' 이러한 궤변에 수많은 젊은이들과 노동자들이 민주주의의 탈을 쓴 공산독재, 또는 '인민민주주의' 독재의 늪에 빠져들어 20세기의 비극의 주인공들이 되었다.

지금 이 시각에도 북한의 김정은 독재 세력은 자기들을 '조선민주주의인민공화국(People's Democratic Republic of Korea)'이라고 부르면서 사기를 치고 있다.

권력은 선거에서

자유민주주의 국가로 향하는 첫 발걸음은 무엇인가? 개개인이 주권을 행사하는 선거를 통해 국가권력을 만들어 낸다. 자유민주주의 선거는 개인의 자유와 힘과 위상을 최고봉에 올려놓는다. 이 선거는 일정한 연령에 도달한 모든 국민이 유권자가 되어 자유로운 경쟁과 비밀투표로 여·야가 될 정치인과 정당을 선택한다.

시장의 빈대떡 파는 할머니도 나물 파는 아줌마도 그들 앞에 나와 머리를 땅에 닿게 큰절하는 입후보자들을 보고 '아, 이게 무슨 일이야! 내가 뭐라고…' 하는 충격적인 감동에 휩싸이게 된다. 어떤 이는 '나는 3천만 표

중의 하나에 불과하지 않은가' 하고 스스로 자기 힘을 깎아내릴 수도 있겠지만, 그 한 표 때문에 입후보자들이 머리를 수그리고 땅에 입 맞춘다는 사실을 잊지 못할 것 아닌가.

이러한 자유민주주의 선거제도의 매력은 필연적으로 북한 같은 전체주의 독재체제를 파괴하고 무너뜨릴 수 있는 강력한 힘이다. 그 매력을 북한 주민이 느끼고 체감할 수 있게 하려면 돈과 선거의 부정한 연결고리를 끊어야 할 것이다. 선거 개혁은 그것의 시작이고 끝이다.

여당, 야당 할 것 없이 유권자에 잘 보이려고 노력하다 보니 자기도 모르는 사이에 서로 비슷해지고 닮아 가게 된다. 유권자를 아름다운 여성에 비유해 설명해 보자. 만약에 이 여자가 하늘색을 좋아해서 머리핀도, 블라우스도, 치마도, 신발도 모두 푸른색으로 차려입고 나섰다고 한다면 여·야 할 것 없이 푸른색을 입고 나올 것 아닌가?

물론 유권자의 마음을 사려고 하는 것보다 자기 당과 후보들의 정치 이데올로기가 더 중요하다고 믿는 소위 '이데올로기 정당'은 유권자의 환심을 사는 데는 별 관심이 없고 거꾸로 유권자를 설득해 자기들의 정치 이데올로기를 수용케 하려고 노력할 수도 있다. 그러다 보니 영원한 변두리 소수당으로 전락하게 된다. 일본과 미국을 위시한 선진 자유민주국가의 공산당이 그 예다.

현 새정치민주연합(구 민주당)은 김대중, 노무현 밑에서 이데올로기 정당으로 출발했지만 우리 유권자는 그들을 뽑았다. 순진한 우리 유권자들의 탓이런가?

나 자신이 직접 경험한 이야기가 있다. 어떤 모임에 참석한 생전의 김대중 후보에게 물어보았다.

"김 후보는 자기 자신을 좌익, 중도좌익, 중도, 중도우익, 우익의 5가지 사상적 판도 중에서 어느 쪽에 속한다고 할 수 있나요?"

"나는 중도우익에 속합니다."

"대한민국은 친일파로 건국했기 때문에 첫 단추부터 잘못 끼웠다고 하셨는데 그 뜻이 무엇입니까?"

"그런 말 한 적 없습니다. 내 뜻은 건국 과정에서 반일 투사들을 제대로 대접 안 했다는 것을 말했을 뿐이오."

그리하여 김대중 씨는 당선되었고, 그 뒤를 이어 노무현은

"장인어른께서 좌익활동 하다 종신형을 받고 복역 중에 옥중에서 별세하셨다면서요?"

"그러면 나보고 아내를 버리고 이혼하라는 말입니까?"하는 식으로 유권자를 훌쩍 뛰어넘어 갔다.

그러나 우리 유권자는 푸른 옷을 선호하는 여성과 같

이 이데올로기(사상)보다 옷의 푸른 색깔(정책)을 좋아한다. 속아 넘어갈 수는 있어도 자기가 좋아하는 것이 무엇인지는 알고 있다. 따라서 진보 또는 좌파적 이데올로기를 버리고 정책 정당으로 선거에 나와야 하는데 그들 뒤에는 아직도 김대중, 노무현의 이데올로기적 그림자가 짙게 깔려 있는 인상이다.

오랫동안 마르크스주의와 페이비언(Fabian) 사회주의에 목이 졸려 집권다운 집권을 해 보지 못한 영국의 노동당을 토니 블레어(Tony Blair) 당수가 나타나 과감하게 이데올로기를 버리고 '정책 정당'으로 탈바꿈시켜 영국의 자유민주주의와 경제를 안정시켰다. 어디 영국뿐인가! 미국의 민주당과 공화당, 프랑스의 사회당과 보수당, 독일의 기민당과 사회당도 모두 선거를 되풀이하다 보니 이데올로기 정당에서 정책 정당으로 변모해 가고 있다. 자유민주주의 선거제도에 내재하는 이 역동적 힘을 한국의 민주당은 남의 일같이 생각하지 말기를 바랄 뿐이다.

끝나지 않는 자유의 역사

아리스토텔레스는 그리스 사람들이 도시국가를 만들어 사는 것을 보고 도시국가는 자연의 산물이고 인간은 천성적으로 정치적 동물이라고 하였다. 즉 국가를 만들어 사는 동물은 정치적 동물인 것이 사실이다. 그러면 국가라는 것은 무엇인가? 그것은 인간이 인간을 통제하고 지배하고 다스리는 조직체가 아닌가? 따라서 정치적 동물은 권력을 행사하고 권력에 복종하고 권력 안에 사는 동물을 말한다. 그렇다면 인간은 힘이 지배하고 힘에 복종하는 야수와 본질적으로 별로 다를 바 없다는 말인가?

동물의 힘은 다른 동물을 잡아먹고 지배하고 제압하기

위한 힘이다. 인간의 인간에 대한 힘은 동물의 힘과 구별하여 힘이라고 부르지 않고 권력(authority)이라고 불린다. 이 권력은 개인들 간의 합의에 의해 주어진 힘, 즉 헌법과 법에 의해 주어진 힘이다. 인간의 생명과 자유를 보호하고 신장하기 위한 힘이다.

따라서 권력은 그 사람의 근육의 힘이 아니다. 정당한 절차에 따라 정당한 목적을 위해 주어진 합당한 합법적 힘인 것이다. 따라서 정치적 힘, 즉 권력(political power, authority)은 인간만이 가진 힘이다. 그것은 억압이나 탈취를 위한 힘이 아니라 생명과 자유를 위한 힘이다. 그 힘의 원천은 개인이다.

역사는 끝난 것 같지 않다. 역사는 사상이나 체제의 싸움만이 아니고, 권력과 자유의 싸움이고 인간 안에 있는 천사와 악마의 싸움이기 때문이다. 하지만 사상과 체제의 싸움으로서의 인간 역사는 자유민주주의에 대항할 만한 것을 찾기 어렵게 된 것이 사실이다. 자유민주주의는 정치적 동물로서의 인간의 꿈이고 이상이라 할 것이다.

그렇다면 이 자유민주주의의 최고 목표와 가치는 무엇인가? 두말 할 것 없이 그것은 개인의 안전과 자유와 권리다. 이것을 위해 국가가 있고 이것을 위해 정치가 있는 것이다.

지도자다운 지도자는 의식적으로나 무의식적으로 이를 위해 일해야 하고 또 싸워야 한다. 훌륭한 지도자는 본능적으로 이를 그의 정치적 비전으로 삼는다. 그의 최고의 신념으로 간직한다. 이러한 신념의 정치가, 비전의 정치가가 훌륭한 지도자의 기본적 자격이고 구비 요건이다. 그는 모든 종류의 현실적 문제에 부닥쳤을 때 이 비전과 신념을 받들고 그에 한 발자국이라도 가까이 가려고 노력한다. 어떤 어려움에서도 개인의 자유와 존엄성을 신장하는 방향으로 문제를 해결하려고 노력한다. 그리하여 그는 시대를 초월하는 역사적 업적을 남기고 떠난다. 링컨 대통령은 그 좋은 예다.

자유민주주의를 토대로 건국한 이승만, 산업화와 경제 발전에 헌신하면서 조국 근대화를 외친 박정희, 정치 권력을 평화적으로 승계토록 한 전두환, 이들은 모두 한국 국민의 개인의 자유와 권리를 신장시켰다. 그 때문에 그들은 역사적 업적을 남겼다. 민주화에 헌신한 학도들, 시민 한 사람 한 사람, 여러 정치 지도자들도 한 국민 개인의 자유와 권리의 신장에 이바지했다. 그리하여 더 자유롭고 더 활기차고 더 풍요로운 21세기 한국의 기적을 만들어 냈다. 이것이 한마디로 요약되는 한국의 현대사가 아닌가.

다수결 위에 헌법,
헌법 위에 자연법

진짜 민주주의는 다수결의 힘도 제한되어 있고 견제되어 있는 체제다.

우선 헌법이나 전통이나 관습법에 의해 다수도 넘어설 수 없고 넘어서는 안 될 벽이 있는 체제다. 그 벽은 개인의 기본권과 자유를 보호하는 방어선으로서 다수도 침범할 수 없는 방파제다. 예컨대 진짜 민주국가는 다수결로 종교의 자유나 언론의 자유를 제한할 수 없는 국가다. 이런 국가를 다수결주의 민주국가와 구별해서 '자유민주국가'라고 부를 수 있다. 따라서 자유민주국가만이 진정한 민주주의 국가라고 해야 할 것이다.

자유민주주의 국가에서도 이론상으로는 3분의 2 이상의 국회의원과 유권자 과반수의 힘으로 헌법을 개정하여 국민의 기본권을 박탈하든가 소멸시킬 수 있다. 그러나 실제에 있어서는 국민의 자유나 기본권의 축소나 박탈은 헌법보다 더 위에 있는 자연법에 의해 금지되고 있다고 보아야 할 것이다. 그 자연법은 국민의 3분의 2 또는 백 퍼센트 전체의 의사보다 우위에 있다고 볼 수 있다. 그것은 보편적 개인 인간의 이성과 자유의 요구이고 명령에 기초하고 있다고 할 수 있다. 그러기 때문에 백 퍼센트 다수나 3분의 2 다수도 침범 못 하는 규범이다. 전체 국민이 정신병으로 미치지 않는 한 그러한 시도는 거센 저항에 부딪치게 될 것이다.

이것이 긴 인류 역사의 끝자락에 와서 등장한 자유민주주의 국가의 본질이라 하겠다. 국가는 개인을 위해 있다. 개인은 그런 국가를 위해 자발적으로 자기 목숨도 바칠 수 있다. 물론 앞으로 개인의 자유와 위상을 위해 더 좋은 국가나 체제가 나올 수 있을지 모른다. 그러나 그때가 올 때까지는 자유민주국가가 가장 좋은 국가라 할 수 있다.

부패는 어둠을 먹고 자란다

국어사전에 사대주의는 '큰 것을 섬기고 잘 모신다'는 뜻이라고 하였다. 다 알다시피 '큰 것'은 여기서 중국을 뜻한다. 수천 년간에 걸쳐 중국에 이리저리 얻어맞고 사과하고 굴복하고 하다 보니 어느덧 중국을 섬기고 잘 모셔야 살아남는다는 한국적 생존 전략이 자리 잡게 된 것 같다.

제(齊)도 대국이요 초(楚)도 역(亦) 대국이라

조그만 등국(滕國)이 간어제초(間於齊楚) 하였으니

두어라 하사비군(何事非君)가 사제사초(事齊事楚) 하리라.

이 시조는 조선조 성종 때의 유명한 영흥 출신 기생 소춘풍이 자기를 탐하는 두 남자 사이에 낀 처지를 냉소하며 읊었다고 한다. 사대주의가 기생의 위트 속에까지 파고들어 있었던 것이다.

중국에 대한 사대는 조공을 배놓고는 실천하기 어려웠다. 중국 왕은 황제인 반면 한국의 왕은 그보다 한 단계 낮은 단순한 '왕'의 칭호만 허용되었다. 우리 왕이 바치는 조공은 가장 비싸고 구하기 힘든 물건들이었다. 중국의 황제는 한국이 바치는 조공을 당연한 의무로 간주했다. 잘 섬기고 모시는 구체적 물증이 조공이었다.

그러다 보니 어느덧 조선 내부에서도 '국내적 조공'의 행위가 퍼지게 된 것이 아닌가? 각 지방에서 왕실에 진상이 들어가고 고위 관리들도 빌붙어서 그들 나름대로의 상납을 받기 시작한 것, 이것이 한국적 부패의 기원이 아니겠는가? 이리하여 원래의 한국 문화에는 없었던 '뇌물 바치기, 뇌물 받기'가 오늘날 더럽고 부끄러운 한국적 관행으로 정착된 것이라고 생각된다. 시골 농민과 도시의 일반 '서민'은 뇌물도 모르고 조공도 모르는 정직하고 깨끗한 '백의민족'이다. 백의민족임을 자랑해 온 그들은 부패를 모른다. 원래 깨끗한 민족이었다.

한국 사회의 부패가 중국에 바친 조공의 전통에서 왔

다고 하면 너무 비약적인 논리일 수도 있지만, 이것이 우리나라의 부패에 대한 가장 납득할 만한 설명이라고 생각한다. 오직 중국에 바친 사대주의 조공을 알고 배우고 할 수 있는 위치에 있던 사람들이 뇌물의 관행을 한국 사회에 도입했다고 믿는다. 조공의 관행과 뇌물의 관행, 이 연결고리를 깨닫게 되면 그것을 끊고 부패를 청소하는 것도 쉬워질 것이 아니겠는가?

부패는 어두운 곳에서 자라는 곰팡이와 같다. 밝고 투명한 곳에서는 부패의 곰팡이가 자랄 수 없다. 독일에 있는 국제투명성협회(Transparency International)는 국가권력의 부패 방지를 위한 최선의 방안을 투명성이라고 보고 있다. 우리나라 정치권과 관료사회에 퍼져 있는 부패의 곰팡이도 정치자금과 관료들의 금전 거래를 햇빛 아래에 설치한 유리상자에 넣어 누구나 훤히 들여다 볼 수 있게 하면 얼마 안 가서 사라질 것으로 믿는다.

권력의 분립과 견제

태초에 조물주는 개인을 만들었지 어떤 계급 혹은 단체나 조직을 만들지 않았다. 따라서 조물주에게도 최대 관심사는 개인과 그 개인의 자유와 안전이다. 자유민주주의 정치는 국민주권 아래 헌법을 제정하고 선거와 제한된 다수결 제도를 도입했지만, 이에 더하여 정치권력의 분할과 상호 견제 제도를 도입했다. 개인의 안전과 자유를 보장하기 위해 위임해 준 권력이라도 이를 제한하고 제약한다. 위임된 권력은 남용되기 쉽기 때문이다. 그리하여 정치권력을 입법권, 행정권, 사법권으로 나누어 분리 독립시키고 또 상호 간에 서로를 견제토록 하는 3권

분립 견제의 제도를 도입했다.

매디슨(Madison)의 말처럼 국민이 천사라면 정부가 필요 없을 것이고, 집권자가 천사라면 권력의 분립과 상호 견제 장치가 필요 없을 것이다. 그러나 자유민주주의는 권력의 분립과 견제 장치를 꼭 필요한 것으로 간주한다.

결론적으로 말하자면 자유민주주의는 ① 유권자의 보편적 비밀투표에 의한 경쟁적 선거제도(국민주권), ② 헌법주의, ③ 인권 불가침 조항, ④ 다수결 원칙의 제한, ⑤ 법치주의, ⑥ 권력의 분립과 상호 견제의 여섯 가지라고 볼 수 있다. 이는 모두 개인의 자유와 존엄성을 보전하기 위해서 설계된 원칙과 제도들이다.

정당은 국민을 닮는다

자유민주주의는 일정한 연령에 도달한 모든 국민이 자유로운 경쟁과 비밀투표를 통해 정부를 선택한다. 이 자유민주주의 선거정치는 특유한 국민 통합의 기능을 발휘한다. 즉, 정당들이 유권자를 상대로 경쟁하다 보니 서로 점점 비슷해지는 경향을 보인다.

물론, 국민의 여론을 무시하고 자기의 정체성, 예컨대 공산당같이 이데올로기의 정체성에 집착하는 정당은 아무리 선거를 반복해도 별로 변하지 않고 영구 소수당, 또는 영구 '소외당'의 신세를 면치 못한다. 그러나 국민의 지지를 받아 집권하기를 기대하고 바라는 정당들은 여·

야 할 것 없이 국민의 소리에 귀를 기울이지 않을 수 없다. 그 결과는 간단하다. 다들 국민을 닮아 가게 된다.

만약 국민이 유산계급과 무산계급으로 양분되어 있으면 보수당과 사회당(또는 진보당)이 여·야로 갈라져서 갈등한다. 경제가 발전함에 따라 중산층이 많아지면 기득권을 보전해 주는 보수 경향의 정당들이 떠오르고 강해진다. 더 중요한 변화는 현상 타파를 추구해 온 좌경 정당들이 보수화된다는 점이다.

지난 40~50년간의 경제 발전으로 인해 독일, 영국, 프랑스, 이탈리아 등 서유럽의 좌파 정당과 사회당들이 눈에 띄게 우경화하고 보수화되었다. 이것이 현대 유럽 자유민주정치의 특색이라고 할 수 있다.

영국의 경우 토니 블레어가 나타나 노동당을 보수화시켰다. 그 결과 영국 노동당은 전후(戰後) 처음으로 장기 집권하는 데 성공했다. 그 이전까지는 노동당이 집권하면 주요 산업을 국유화하고, 보수당이 들어서면 다시 사유화시키는 사태가 반복되었다. 그 와중에 영국 경제는 파산하고 만신창이가 되었고.

정치가와 정치 지망생들에게

재래식 정치의 위기

반미, 친북, 그리고 '친중'에 눈이 먼 한국의 좌파 정당과 정치인들은 시대착오적인 고물이 되고 있다. 이대로 가면 야당은 해체 아니면 파산하고 말 것이다. 왜냐하면 인간은 가장 이성적인 동물이고, 따라서 가장 자유를 희구하는 동물이며, 인간 역사는 인간의 자유의 확대와 발전을 향해 흐르는 거역 불가능한 물결이기 때문이다. 세계 역사에서 인간의 이성과 자유의 궁극적 승리를 믿고 믿지 않고 간에 지난 수천 년간 우리 눈앞에 전개되어 온 세계 역사는 자유의 승리 방향으로 흘러 왔다는 것이 분명하지 않은가?

한미 FTA 인준을 둘러싼 폭력 국회의 연출과 여·야 간의 몸싸움은 자유민주주의 정치에 있어야 할 근본적이고 철학적인 공통분모가 아직도 조성되어 있지 않기 때문에 일어나는 병태이다. 만약에 미국 민주당이 냉전 시대에는 이념과 외교에서 친소 노선을 택하고 지금은 친중, 친 김정은 노선을 택하면서 공화당과 권력 쟁탈전을 벌인다고 상상해 보자. 미국 의회도 우리 국회와 별다를 것 없지 않을까?

참고로 중국은 북한을 제외하고는 동맹국이 없다. 중국이 보는 국제질서에는 유엔 헌장에 명시되어 있는 주권평등 개념이 입술에 침 바른 것과 같다. 수천 년간의 중국 전통에는 크냐 작으냐, 강하냐 약하냐, 높으냐 낮으냐, 중심이냐 변두리냐라는 개념만 있어 왔다. 많은 나라와 동맹조약을 맺고 있는 미국과는 대조적으로 중국에는 동맹이라 할 만한 동맹국이 없는 것도 이해가 간다.

정치의 철학적 공통분모는?

그러면 한국 정치에서 여당·야당 간에 있어야 할 철학적 공통분모는 무엇이라야 할 것인가? 그것은 간단하다. 대한민국의 건국이념인 자유에 대한 믿음과 열정 하나만으로 충분하다. 자유는 인간을 인간답게 해 주는 최고의 가치이고 세계 역사의 거역할 수 없는 흐름이고 반짝이는 승리의 동산이기 때문이다. 자유에 대한 신념만 공유하면 한국 정치는 문자 그대로 새로운 새벽의 동이 틀 것이다. 그 순간부터 한국 정치는 지역 구도나 여야 간의 옷 벗고 주먹 휘두르는 싸움질 행태가 달라지기 시작할 것이다. 공산당의 유물인 폭력도 국회나 거리에서 사라지게 될 것을 확신한다. 민주당은 이름을 지키면서도 완전히 새로운 야당으로 태어날 수 있게 하는, 영국의 블레어 총리 같은 한국의 블레어가 요구되는 시점이다.

여당으로서는 정치철학적 공통분모가 없는 야당과 주고받고 하는 협상이나 타협을 성사시키는 일이 하늘의 별 따기일 것이다. 그렇다 하더라도 강하면서도 부드러운 지도력을 갖는 새 지도자라면 협상을 변화 유도의 계기로 삼을 수도 있을 것이다. 자기변화를 통해 상대방을 변화시키는 새 정치문화의 토대를 구축할 수도 있을 것을 믿고 바란다.

한미 FTA를 끝까지 반대하는 19퍼센트 가까운 우리 국민이 모두 종북론자들이라고는 보지 않는다. 그중 상당수가 세계에서 제일 크고 기술과 새 상품의 개발과 발명 면에서 계속 세계를 압도해 나가고 있는 미국 경제와 한 몸이 되는 것을 겁내는 농민들이나 중소기업가들이라고 믿는다. 미국은 칠레나 EU가 아니지 않은가 하는 겁 때문일 수도 있다.

그러나 제일 영리하고 제일 큰 덩치와 한 몸이 된다는 것은 우리도 그만큼 영리하게 되고 커질 수 있는 가장 손쉬운 길이라고 확신한다. 이제는 중국도 일본도 겁낼 것 없게 되었다. 문자 그대로 세계 제2의 지위를 향해 꿈꾸며 달려가면 될 것이다.

SNS 시대의 새 정치

총선과 대선의 해를 눈앞에 둔 우리 사회는 또 다시 시끌시끌하였다. 그 원인 중의 하나는 지난 4~5년간에 걸쳐서 발달, 확산되고 있는 소셜네트워크서비스(SNS), 즉 트위터, 페이스북, 카톡(카카오톡) 등의 영향 때문인 것은 다 잘 아는 사실이다. SNS는 국민, 특히 젊은이들을 정치에 눈뜨게 하여 그들의 정치 참여를 대폭 강화시키고 있다. 또 2030을 조준한 각종 '오락적 대담', 예컨대 '청춘 콘서트' 같은 대화가 딱딱하고 메마른 훈계식 대화보다 재미있고 지루하지 않기 때문일 것이다.

그동안 우리가 안주해 온 우리의 기존 정치문화와 체제는 SNS에 의해 태풍을 만난 배같이 흔들리고 있다. 재래식 정치 행태는 여·야 할 것 없이 시대착오가 된 느낌이다. 정당은 말할 것도 없고 정치인들마저 위기감에 휩싸인 채 생존을 위해 몸부림 치고 있는 인상이다.

나눔과 정(情)의 정치

나눔의 행위는 한국 고유의 정(情, compassion)의 정치와 직결된다.

정치는 원래 권력을 통해 인간의 야수성과 동물성을 견제하고 억제하기 위해, 그리고 집 지어 주고 길 닦아 주고 나라를 지켜 주기 위해 있는 것으로만 여겨져 왔었다. 이제는 트위터 같은 소셜네트워크를 통해 우리 젊은 세대를 나눔과 정의 새 정치 행태에 눈뜨게 만들고 있다.

동시에 트위터는 그 거대한 사회소통망을 이용해 나눔과 정의 정치에 몰입하게 만들어 나눔과 정의 정치를 진실성이 없는 '위선'의 정치로 만들게 할 위험성도 있다.

나눔의 정치는 광고나 언론 플레이를 하지 않는 것이 정도(正道)이다. 우리 젊은 세대를 위선에 춤추게 함으로써 나눔의 정치에 진실성이 없어진다면 이것 또 얼마나 불행한 일이겠는가!

권력은 억압하고 부패한다

민주정치의 불변하는 특징의 하나는 국민이 선거(票)를 통해 권력의 주인임을 주기적으로 확인하는 데 있다. 권력에 대해 영국의 액턴(Acton) 경은 "권력은 부패하는 경향이 있다. 절대적 권력은 절대적으로 부패한다"고 하였다. 김정은과 '아랍의 봄'을 보면 알 수 있는 일이다. 그러고 보면 다가올 2016년 총선도 부패를 향한 또 하나의 길 트기 행사가 될 위험성을 내포한다 하겠다.

따라서 액턴 경은 또 외친다.

"자유는 그보다 더 높은 정치적 목표를 위한 수단이 아니다. 그 자체가 최고의 정치적 목표이다."

권력의 불변하는 본성이 국민에 대한 억압이고 부패라면 국민의 자유, 예컨대 언론의 자유는 권력을 견제하고 권력의 부패를 막을 수 있는 가장 효과적인 '약'이라는 뜻이다.

2040 세대가 서울시장 선거에 투표하기 위해 새벽부터 투표장에 줄을 섰었다. 미국에서는 '월 가를 점령하라(Occupy the Wall Street)'라는 시민운동이 벌어졌다. 이에 앞서 일어난 튀니지, 이집트, 리비아, 그리고 현재도 진행중인 시리아의 '아랍의 봄' 현상도 IT 시대의 소셜네트워크가 가져온 변화라고 할 수 있다. 모두 권력과 결탁한 돈, 돈과 결탁한 권력에 대한 반발이고 경고이기도 하다. 악마에 대한 경종인 셈이다. "악마와 싸우는 자는 자기도 악마를 닮아 가지 않도록 조심해야 한다"라는 니체의 충고가 권력을 추구하는 자들의 가슴에 와 닿기를 바랄 뿐이다.

새로운 정치 환경

이 IT 시대의 소셜네트워크서비스의 확산은 구체적으로 어떤 정치적 변화를 가져오고 있는가?

첫째, 학생을 포함한 2040 세대의 '정치에 대한 무관심'을 일소하고 있다는 점이다. 특히 20대 학생들은 이제까지 정치에 대해 별 관심이 없었기 때문에 투표에도 별로 참여하지 않았었다. 이들은 이제 트위터 덕분으로 오랜 잠에서 깨어나 '정치적 인간'이 된 셈이다.

둘째, 여·야 할 것 없이 기성 정치세대의 '돈'에 의한 부패에 대해 식상하고 화가 나서 2040이 정치 참여(투표)를 결심했다고 보아야 할 것이다. 표를 통해 그들의 힘을 과시하고 만연 확산된 부패에 대해 단호한 거부의 태도를 과시하고 있는 느낌이다. 정치 하는 자, 특히 국회의원은 돈을 필요로 하고 돈을 밥처럼 먹는다는 일반 국민의 인식에 대해 처음으로 젊은 유권자의 반발이 일어나고 있다고 보아야 한다.

셋째, 정치 하는 자는 국민, 특히 가난하고 불우한 국민들에 대한 정치가의 자기희생(노블레스 오블리주)과 봉사를 해야 한다는 것, 이러한 이상주의적 기대는 원래 젊은 세대 고유의 특색이고 특권이다. 정치가는 말로만 '애국'하지 말고 실제로 행동을 통해 '애 국민'하라는 뜻이기도 하다.

이렇게 보면 트위터 정치는 한국 민주주의 정치의 발전을 한 단계 높이는 결과를 가져다준다고 할 것이다.

즉 정치에 대한 관심과 참여의 확대, 부패 청산의 요구, 그리고 정치가에 대한 노블레스 오블리주의 기대가 그것이다.

트위터 정치의 한계

그렇다면 트위터 정치의 단점은 없는가? 물론 있다. 그리고 중대한 단점들이다.

첫째, 140자 이내로 왔다갔다해야 하는 트위터 소통은 거의 대부분 논리적 분석이나 설명이 빠진 결론적, 구호적 메시지가 아닐 수 없다. 좋고 웃고, 싫고 밉고 하는 감정적 메시지가 되기 쉽다. 특히 '빨리빨리'를 좋아하는 우리 국민성과 문화에 잘 영합하면서 천박하고 시끄럽다. 선동적이고 경박하다. 한마디로 말하면 트위터는 인간 이성은 최소화되고 인간 감성만 활개 치게 하는 얕고 시끄럽게 흐르는 개울물이지, 유유히 소리 없이 흐르는 깊은 강물이 아니다.

트위터에서는 말할 것도 없고 '청춘 콘서트'에서도 셰익스피어, 괴테, 아리스토텔레스, 플라톤, 니체 같은 인류의 유산적 지성이 토론된 것을 듣지 못했다. "행복은 뛰어난 활동"이라고 한 것은 고대 그리스의 아리스토텔레스가 아니었던가.

더 중요한 것은 한국의 자유와 번영을 위협하는 북한 체제나 김일성 자손들에 의한 권력 세습에 대해 거의 토론이 없는 것 같다는 점이다. '청춘 콘서트'가 '놀이판'은 아니지 않은가?

둘째, 여당 야당 할 것 없이 우리 정치는 썩은 지 오래다. 권력은 그냥 두면 썩게 마련이다. 권력이라는 괴물은 억압을 강화하고 영속시키려 한다. 그러다 망하는 것을 본다. 카다피와 김정은을 볼 수 있는 우리는 어쩌면 행운의 세대인지도 모른다.

이익의 충돌과 백지위임

때문에 영국이나 미국 같은 선진 민주주의 국가에서는 오래전부터 권력과 돈 사이에 이익의 충돌(conflict of interests)이 생길 위험성이 있는 경우에는 권력을 포기하든지 돈을 포기하도록 제도적 장치를 마련해 놓고 있다. 예를 들면 '백지위임(blind trust)' 제도 같은 것을 마련하여, 관직에 있는 동안은 자기의 재산과 돈을 자기도 모르는 제삼자에게 완전히 위탁함으로써 돈과 권력의 연결고리를 끊게 하고 있다. 그것이 어렵다면 기업을 매각하든지 권좌에서 물러나야 한다.

우리나라에서는 우리의 사회문화가 완전한 백지위임을 거의 불가능하게 할 것이기 때문에, 즉 자기 돈의 행방에 대해 완전한 장님 노릇을 오래 지속할 수 없을 것이기 때문에 결국 돈과 권력 중에 양자택일하는 제도만이 부패를 막는 현실성 있는 길이라고 믿는다.

따라서 선거를 계기로 삼아 기업이나 재단을 가졌기 때문에 이익의 충돌에 걸리는 국회의원이나 시장은 걸러내야 할 것이다. 우리 국민은 현명하다. 대기업의 소유자를 한 번도 대통령에 뽑지 않았다. 이제는 정치권력이 중소기업을 포함한 모든 종류의 돈과 연계 고리를 끊어야 할 때가 온 것이다.

깊이 있는 토론과 대화, 그리고 지식에서 지혜로 이어지는 담론은 현재 우리 젊은이들에게서 떠나 있는 느낌이다. 지식은 컴퓨터에서 얻을 수 있다. 그러나 지혜는 컴퓨터가 제공하지 않는다. 자기의 머리와 가슴에서 우러나오는 통찰이다. 예컨대 자유에 대한 신념과 헌신은 지식이 아니고 지혜이다.

연륜 있는 정당을 바란다

대선 때마다 우리 정당들은 옷도 갈아입고 이름도 바꾼다. 그러다 보니 정당들의 정체성도 왔다갔다하고 뿌리도 내리지 못한다. 권력에 욕심 있는 자들은 경쟁하듯이 새 정당들을 만든다. 우리 정치가 후진성을 청산 못하는 가장 큰 이유의 하나일 것이다. 박근이라는 이름을 매 4~5년마다 바꾸면 박근이라는 존재는 무엇이 되겠는가?

새누리당 또는 새정치민주연합이라는 이름을 500년만 지켜 나가 보자. 그리고 그 뿌리와 동체와 가지도 계속 접목하고 넓혀서 전국이 그 그늘 아래로 들어오게 하자.

복지 공약의 함정

앞으로는 복지가 제일 중요한 쟁점이 될 것 같다. 내가 1969년 주영공사로 부임하였을 때 런던 시내 거리는 냄새 나는 쓰레기가 쌓여 있고 밤에는 발전소 노동조합이 파업하고 있어서 촛불 켜고 저녁 먹었고 외교행낭도 개인회사와 계약해서 배달 받고 한 때가 있었다. 그 대신 모든 의료나 약은 무상이었기 때문에 서울에서 아는 친구가 발가락 수술을 받으러 런던을 방문하기도 했었다. 지나가는 여행객에게도 무상의료가 적용되던 때였다.

복지(무상의료, 무상교육 등)를 놓고 선거에서 이기는 측은 더 크고 많은 '공짜의 깃발'을 내거는 측이었다. 그러다 보니 서유럽 전체가 이름 좋은 '복지국가'라는 20세기의 지상낙원이 되었던 것이다. 그 대가로 복지국가들의 국민은 그들이 애써 번 돈의 약 절반을 복지국가 예산에 바쳐야 했다. 얼마 안 가서 내수가 줄어들면서 복지 경제는 활력을 잃고 침체에 빠지기 시작했지만 복지 예산은 아무도 줄이지를 못했다.

국가파산 위기가 먼저 그리스에서 시작하여 이탈리아, 스페인, 프랑스를 거쳐 북유럽으로 퍼져 올라가면서 지상낙원의 종말이 가까이 오고 있다는 느낌을 준다. 유로 화폐 단일화는 설상가상으로 문제 해결을 더욱 어렵게 만들고 있다. 지상낙원이 지상지옥이 될 것인지 걱정스럽다.

한국 국민은 자기 수입의 평균 약 30퍼센트를 국가가 가져간다. 미국도 우리와 비슷하다. 우리 국민은 그래도 아직은 각자가 이곳저곳에서 씀씀이를 즐길 수 있는 처지이지만, 일단 복지의 명패를 달고 선거판에 나타나면 누구도 '돈을 탈취하려고 온 미명(美名)의 돈 도둑이 왔다!' 생각하면서도 "나가!" 하고 쫓아내지를 못할 것이다.

복지 앞에 국방과 안보

국가 예산의 우선순위는 첫째가 국방·안보, 둘째가 복지이지 그 순위가 아직 바뀔 수 없다고 믿는다. 복지 경쟁의 진흙 속에 뛰어들면서 나도 복지, 너도 복지, 우리 모두다 복지 하자는 식의 복지 경쟁의 늪에 빠질까 걱정된다.

정책뿐만 아니라 사람과 제도도 일신해야 한다.

(1) 대내, 대외 정책은 자유의 수호, 한미동맹의 보전을 기본 노선으로 해야 할 것이다.

(2) 사람은 최대한 갈아치우되 평과 인상을 보고 골라야 할 것이다.

(3) 권좌에 앉는 자는 자기 기업이나 재단과의 연결고리를 끊게 하고 돈과 권력 중 양자택일토록 만들어야 할 것이다.

(4) 정치자금의 출처와 사용처를 실제로 국민에게 공

개하는 투명성 제도를 도입해야 할 것이다.

(5) 공천은 영국과 비슷하게 상향식과 하향식을 혼용
한 새 상·하향식 공천 제도를 도입하여 선거구도
부패되지 않게 하면서 정당의 뿌리를 국민과 지역
사회 속에 내리게 하는 길이 있을 것이라고 믿는
다. 공천 제도 개혁은 정당과 정치 개혁의 중심이
고 핵심이다.

대개 이런 것들이 새 시대와 새 세대가 기대하고 요
구하는 변화들이 아닌가 한다. 그렇게 하면 기성세대나
2040 할 것 없이 모두 새 정치에 매력을 느끼게 될 것
이다.

'비상대책위' 같은 것은 이미 시험이 끝난 구식 방안이
다. 핵심인사 2~3명이 책임지고 결단 내리면 더욱 참신
한 발상과 조치가 나올 수 있다.

IT, SNS, 트위터 시대는 더 크고 강한 개인의 힘과 자
유를 향한 세계사의 흐름에서 나왔기 때문에 역행할 수
없다. 또 이에 제대로 호응하는 새롭고 개혁적인 변화는
누구나 해낼 수 있는 일도 아니다. 국민은 대담하고 용
기 있는 지도자의 모험적인 결단을 주시하며 기대를 걸
고 지켜볼 것이다.

칼부림은 공산주의의 태생 증명

60여 년 전 국군 3사단을 따라 성진까지 북진하다 중공군의 개입으로 남으로 철수할 때의 이야기다.

흥남 공군기지를 향해 지프차로 이동하면서 보니, 하얗게 눈이 덮인 논바닥 위로 북한 여성들과 노인들이 어린것들을 업고 더러는 손을 잡고, 머리에는 똬리에 보따리를 이고 남쪽을 향해 말없이 걷고 있었다. 하나같이 눈과 같은 흰색 옷을 입은 그 모습에, 그 흰색이 눈부시면서 눈물 어리게 했다.

한국인은 전통적으로 흰옷을 좋아했다. 논 맬 때나 밭갈 때, 모 심을 때나 잡초 캘 때나 보통 흰옷을 입는다.

흰색이 깨끗함과 평화로움을 상징하기 때문이 아니겠는가? 그래서 백의민족이다.

칼부림 문화는 장도와 단도로 싸우며 살아온 일본 부시도(무사도)의 전통문화다. 한국에도 무술 문화로 신라시대의 화랑도가 있었지만 이것은 본질적으로 청년들의 교육과 훈련을 위한 평화적 문화였다. 그런데 왜, 언제부터 칼부림이 우리의 여성 대통령후보와 제일의 동맹국인 미국 리퍼트 대사에 대한 살인미수까지 번지게 된 것일까?

첫째, 북한 공산집단은 폭력 집단이기 때문이다. 전쟁, 테러, 살인 등 모든 방법과 수단이 그들의 무기이다. 남한의 폭력 문화는 공산주의의 사생아다.

둘째, 계급투쟁, 증오, 미움에 뿌리박은 공산주의 사상은 태생적으로 화해나 평화공존이 어려운 사상이기 때문이다.

셋째, 천안함 폭침과 연평도 포격을 자행한 김정은이 앞선 김일성, 김정일보다 더 포악하고 악질이기 때문이다.

제3부

경 제

현재까지 인류는 자본주의 시장경제보다
더 자유롭고 더 효율적인 경제제도를 찾지 못하고 있다.
그 이유는 간단하다.
자본주의 시장경제만큼 개인에게 힘을 실어 주고
개인을 강하게 해 주는 경제제도가 없기 때문이다.
특히 소비자로서 개인은 아무리 큰 기업도
망하게 할 수 있는 힘을 가졌다.
개인이 주권자가 되는 경제체제,
이 때문에 자본주의 시장경제는 계속 살아남고
발전해 나갈 것이다.

자본주의 시장경제

자본주의 시장경제는 인류 역사와 함께 자라고 발전한 유일한 자생적 경제체제다. 그 체제의 핵심은 개인이 생산자가 되든 소비자가 되든 각기 자기의 이익을 위해 자유롭게 활동하면 개인도 사회도 더 부해지고 잘산다는 사실에 있다. 이에 비해 공산주의나 사회주의, 또는 중국의 '사회주의 시장경제'는 먼저 인간의 머릿속에서 인위적으로 설계된 경제제도다. 모든 '유토피아' 경제도 이 부류에 속한다고 할 것이다.

애덤 스미스(Adam Smith)가 1776년에 『국부론(The Wealth of Nations)』을 썼을 때에도 자본주의 시장경제는 이미 오래전부터 인간 사회에 자생적으로 발달해 온 경제제도였다. 스미스는 그것을 학문적으로 다루고 분석하면서 자본주의 시장경제의 신비한 힘을 실감했던 것이다. 그를 놀라게 한 것은 '시장' 안에서 움직이는 '보이지 않는 손'의 역할이었다.

자생적 자본주의는 한마디로 말해 각자가 자기의 이윤을 추구하면 그것이 다른 사람에게도 이익이 되어 사회 전반의 발전에 이바지한다는 깨달음이었다. 나라의 부는 각 개인의 자유로운 부의 추구에서 온다는 발견이었다.

물론 인간이 불완전한 만큼, 자생적 경제제도도 숱한 결함과 단점을 노출해 왔다. 주기적으로 불경기와 공황, 그리고 각종 경제 위기를 겪어 왔지만 현재까지 인류는 자본주의 시장경제보다 더 자유롭고 더 효율적인 경제제도를 찾지 못하고 있다.

그 이유는 간단하다. 자본주의 시장경제만큼 개인에게 힘을 실어 주고 개인을 강하게 해 주는 경제제도가 없기 때문이다. 특히 소비자로서 개인은 아무리 큰 기업도 망하게 할 수 있는 힘을 가졌다. 개인이 주권자가 되는 경제체제, 이 때문에 자본주의 시장경제는 계속 살아남고 발전해 나갈 것이다.

개인 재산권의 불가침성

개인의 재산권이 생명과 자유와 행복추구권과 함께 개인의 기본권에 해당하는가?

　원래 서구 계몽주의 사상은 생명권, 자유권, 재산권이라고 해서 재산권을 기본권의 하나에 포함시키는 시각이 있었으나 제퍼슨(Jefferson)은 미국 독립선언문에 재산권 대신 '행복추구권'을 포함시켰다. 그러나 인간 존재가 시작된 원시시대부터 재산권은 생명권, 자유권과 맞먹는 개인의 기본권이 되어 왔다. 물고기를 혼자 잡았을 때는 자기 것이고 둘이서 협력하여 잡았을 때는 둘의 것이다. 이것을 제삼자가 빼앗아 가는 것은 탈취

행위이고 인간의 기본 정의감에 어긋난다. 이것은 자명한 이치다.

문제는 지배자나 군주가 개인의 안전과 생명을 보장해 준다는 미끼로 오랜 세월 동안 개인의 재산을 빼앗아 온 것이 인류의 역사라는 것이다. 그러나 지금으로부터 약 800년 전인 1215년에 민주주의의 발상지인 영국에서 「마그나 카르타(Magna Carta)」가 제정되면서 개인의 재산도 개인의 동의 없이는 빼앗아 가지 못한다는 사상이 머리를 들게 되었다. 이후 서서히 개인의 재산권이 보장되기 시작하면서 인류 역사는 더 자유롭고 강한 개인을 부상시키게 되었다.

자기 노력으로 정당하게 취득한 개인의 재산은 누구도 뺏을 수 없는 기본권이다. 그 개인이 자선에 쓰든, 여행이나 골프에 쓰든 그 개인의 자유다. 재산은 개인의 자유와 뗄 수 없는 자유의 수단이다. 개인은 소유하기 때문에 자유롭고 행복한 자유인으로 살아갈 수 있다. 따라서 재산권은 절대적 권리라고 하겠다.

자유민주주의는 따라서 자본주의와 따로 생각할 수 없는 체제다. 중국의 공산주의마저 발전을 위해 도입하지 않을 수 없는 것이 자본주의다. 이 인간의 기본권에 도전하여 재산권의 말살을 추구한 공산주의가 망하게 된 것

은 대자연의 섭리라고 하겠다. 이성적인 인간정신의 지
상명령의 결과라 하겠다.

재산권의 원칙과 특징

첫째, 해당 개인의 직접 또는 간접적인 동의, 즉 선출된 입법부가 제정한 법에 의하지 않고서는 사유재산에 대한 국가의 세금 부과나 기타 탈취 행위는 있을 수 없다.

둘째, 재산은 그 종류가 다양하고 그 크기가 불평등한 것이 원칙이다.

셋째, 재산은 소유자의 자유권의 일부다. 마음대로 쓰고 처분하고 하는 것이 원칙이다.

넷째, 재산은 다른 법치주의와 마찬가지로 국민 스스로가 정한 법에 의한 법치주의의 규제를 받는다. 이것은 어떤 외부 세력에 의한 재산권의 제한이나 탈취가 아니다. 재산을 소유하는 국민 스스로가 자기를 규제하고 자기를 제한하는 행위다.

한미 FTA와 한국의 앞날

지구촌에서 가장 거대한 땅덩어리인 유라시아 대륙, 그 동쪽 끝에 반 토막 소꼬리같이 붙어 있는 대한민국의 지정학! 주요 영양소는 머리와 몸통에 해당하는 유럽과 중국과 러시아 들이 다 빨아먹고 그 나머지 일부가 꼬리로 흘러내려 우리의 먹이가 되는 꼴인 우리의 지정학! 수천 년 동안 배고픔에 시달려 온 우리의 조상들! 중국에 짓밟히고, 중국 왕에 고두(叩頭)하고, 조공 바치고, 종속 국가로 자처하고… 이렇게 살아온 우리의 조상들…. 아! 생각하면 눈물이 말문을 막는다.

　누가 우리를 이 지정학의 길고 긴 저주로부터 해방시

켜 주었는가? 누가 우리에게 유라시아 대륙의 족쇄를 끊고 살 용기를 안겨 주었는가? 누가 자유민주주의 국민의 긍지와 번영을 맛볼 수 있게 도와주었는가?

그러나 이 모든 축복들은 아직도 불안하고 불확실하다. 우리가 독립국가의 국민이 된 지도 너무 짧다. 독립국가다운 외교를 해 본 것도 몇 해 안 된다. 한미상호방위동맹에 이어 한미 FTA가 얼마나 우리의 앞날에 중요한지를 미처 깨닫기도 전에 FTA를 반대하는 친북한, 친대륙, 친공산 세력의 광란에 휘말려 버렸다.

광우병으로 많은 사람이 죽은 영국 쇠고기의 수입이 재개되었을 때 세계 어느 나라 국민도 우리 같이 거리로 뛰쳐나와 날뛰지 않았다. 그 어느 나라도 국민에게 영국산 쇠고기를 먹으라고 강요하지 않았고 먹기 싫으면 안 사 먹으면 그만 아닌가? 이 좁은 지구상에서 오직 한국만이 광우병에 걸린 환자들 같은 변태행위를 집단적으로 노출하였다. 세상에 어찌 이런 일이 있을 수 있는가?

어찌 국민만인가. 정부는 어떻게 대처하였던가? "미국 쇠고기는 안전하다. 나부터 먹을 테니 잘 보시오"라고 하면서 국민 앞에 스스로 시식해 보이는 용기도 없었고 애국심도 없었다. 촛불 시위대 앞에 두 번이나 머리 숙여 사과한 것뿐이었다.

그런데 국회는 더욱 한심했다. FTA 같은 중대한 전략적 국가 이익이 걸린 사안을 정쟁거리로 삼고 허송세월하였다. 촛불 시위로 마비된 국회였다. 백악관을 떠날 준비에 바쁜 부시나 타결된 FTA가 미국에 더 불리하다고 느끼는 오바마 후보나 선거를 앞둔 미국 의회에 대해 "자, 한국은 이미 국회에서 인준했다. 어떻게 할래? 거부하겠다면 거부해 봐" 하는 용기와 자세로 미국 측을 밀어붙였어야 한다.

그런데도 "미국 측이 반대하는데 왜 우리가 서둘러야 하는가? 미국 측이 어떻게 나오는지 좀 두고 보자"는 식의 강대국 눈치 보기 자세에 빠져 버렸다. 그 결과 부시 행정부 하의 공화당 상원 의회에서 인준해 줄 수 있는 기회를 놓치고 말았다. 미국이 먼저 해야 우리가 안심하고 따라 하겠다 하는 식의 자세는 대륙세력에 대한 수천 년간의 종속국적 근성이 아직도 우리 의식을 사로잡고 있다는 이야기밖에 안 된다.

내가 오바마 대통령이고 내가 미국 상원의원이라면 광우병 미국 쇠고기를 반대하여 촛불 시위로 광란 부린 국민, 맥아더 동상을 후세인 동상처럼 끌어내리겠다는 국민, 대통령이 촛불 시위대에 머리 숙이는 나라에 대해 식상하고 정이 떨어졌을 것이다. 그래도 세계적 대국이다 보니 "저런 나라하고 무엇을 해?"라고 하지 않고 저 정도로 나오는지도 모른다.

한미 FTA의 운명은 걱정 안 해도 될 것이다. 아무리 세계 금융 위기가 심각하고 보호무역에 대한 압력이 거세다 하더라도 말이다. 미국이 FTA를 거부한다면 2차 대전 이후 세계 자유무역 체제의 확립과 발전을 위해 선봉에서 싸운 미국이 몰락하는 방향으로 변질했다는 뜻이 된다. 호랑이가 육식 대신 초식동물로 변질한 것과 같다. 있을 수 없는 일이다. 이제 한국은 EU하고도 FTA를 체결함으로써 미국 오바마 정부를 자유무역의 강한 바람에 노출시키게 되었다.

한미 FTA는 역사상 세계 제일가는 과학·기술·경제 대국과 군사 동맹을 무역 분야까지로 보완 강화하여 한국이 세계 최강국과 손을 꽉 잡고 명실 공히 세계사적 동반자로 부상시킬 '전략적 협정'이다. 그 가치가 높은 만큼 그에 대한 저항도 거셀 전망이다. 한국전의 고귀한 희생으로 한미군사동맹을 얻었듯이 앞으로 우리 국민의 애국적 헌신과 희생이 요구될지도 모른다.

FTA는 중국과 일본과 러시아에 대해서도 우리의 힘을 강화시킬 것이다. 북한 핵과 미사일에 대해 중국은 아직도 북한 편에 서서 북한을 두둔하고 있다. 중국이 북한을 바로잡아 주려면 바로잡아 줄 수 있는 힘이 충분히 있다. 그러나 그 힘을 발동하지 않고 있기 때문에 결과적으로 두둔하고 있다고 보지 않을 수 없다.

북한의 핵탄두가 8천 킬로미터를 날아갈 수 있게 되면, 즉 미국 본토를 겨냥할 수 있게 되면 한국에 대한 미국의 핵우산은 사실상 마비되고 말 가능성이 크다. 현재까지는 만약에 김정은이 핵으로 서울을 위협한다면 미국은 평양을 핵으로 위협할 수 있었다. 그러나 일단 하와이나 LA가 북한의 핵 위협 아래 놓이게 되었다고 가정하자. 그 경우 미국이 서울에 핵우산을 제공하면 동시에 하와이나 LA가 북한 핵의 위협을 받게 되는 상황이 벌어질 것이다.

한국을 북한 핵으로부터 방위하기 위해 주한 미군을 북한 핵의 제물로 만들고 LA가 핵 세례를 받게 놔둘 수 있을까? 미국이 개발 중인 미사일 방어 체제는 완벽할 수가 없다. 단 한 발이라도 호놀룰루에 떨어질 수만 있다면? 이런 문답이 김정은의 마음속을 밤낮 왔다갔다할 것이다.

'미국은 아시아 대륙에서 육상 전쟁을 하지 말 것.' 미국 육군은 이러한 불문율을 깨고 공산 위협에 대항하여 한국전과 월남(베트남)전에 육군을 파병하였다. 그 결과 한반도에서는 승패 없는 정전(停戰)이 성립되고, 월남에서는 패자가 되어 철수하였다.

만약에 전시 작전권이 이양된다면 미국은 또 다시 사실상 아시아 대륙에서의 육상 전투에서는 손을 떼게 될 전망이다. 결과적으로 육전은 한국군이 맡고 미국은 해·공군으로써 한국과의 연합 방어에 임하게 될 듯하다. 최첨단 미국 해·공군의 최강 전력과 손잡고 나가면 우리 국군도 아시아 대륙에서 무적 강군이 될 수 있을 것이다.

세계사의 흐름은 아시아 대륙에도 자유와 민주주의의 꽃을 반드시 피게 할 것이다. 대한민국은 이러한 세계사적 사명의 선봉에 설 것이다. 아시아 대륙에 그 꽃이 만발할 때까지 대한민국은 한미 군사동맹과 FTA의 두 바퀴를 타고 '언덕 위의 빛나는 도시'를 향해 매진할 수 있도록 우리 서로 힘을 합칩시다.

제4부

___

사회·문화

박정희의 신바람은 그의 권력에서 온 것이 아니다.
국민 개개인의 복지에 대한 그의 강력한 집념과 열정이
공기를 타고 가슴을 치는 '감동'에서 온 것이다.
추운 겨울날 버스 차장 소녀들에게 사 입힌 점퍼에서 온 것이다.
만약 박정희 대통령이 중도 노선을 취해 때로는 좌익 편에,
때로는 우익 편에 섰다면 그의 '조국 근대화, 산업화'의
꿈은 여기에 부딪치고 저기에 떠밀려서
아무것도 이루지 못했을 것이다.
그의 '신바람'은 일기도 전에 사라졌을 것이다.

레이건은 대통령으로 취임한 1년 후 의회에 나와
서부 활극 속의 난장판이 된 마을에 되돌아온 보안관을 묘사하듯
"미국은 되돌아왔다.

키 높이 서서…(America is back, standing tall . . .)"라고
갈파할 수 있었다.
칠순을 지난 늙은 지도자 아래서
쇠퇴주의 병의 검은 안개는 서서히 걷히고
밝은 아침의 햇빛 아래 자유의 재생력이 발동을 걸고 있었다.
그 비결은 무엇이었을까?

다양한 정의론들

정의(justice)의 개념에는 옳다는 뜻과 공정하다는 뜻이 함께 포함되어 있다. 또 같은 맥락에서 법 또는 사법을 뜻하기도 한다. 그런데 어떤 것이 옳고 공정한 것인가? 어느 누구에게(누구의 입장에서) 옳고 공정하다는 뜻인가? 이 문제를 놓고 동서고금을 통해 너무도 많은 논쟁이 벌어져 왔다.

김순덕 동아일보 논설위원은 칼럼에서 "모든 사람을 만족시킬 수 있는 정의는 없다"라고 했다. 그만큼 정의의 뜻과 대상은 복잡하고 다양하다고 하겠다. 근래에 와서는 존 롤스(John Rawls)의 『정의론(A Theory of Justice)』을 위시하여 미국 하버드 대학 교수인 아마르티야 센(Amartya Sen)의 『정의의 생각』, 마이클 샌델(Michael Sandel)의 『정의는 무엇인가?』 등이 새로운 화젯거리로 떠올랐다. 정의로운 사회, 정의로운 체제, 정의로운 정책, 정의로운 법과 법의 심판… 이렇게 말하면 흡사 이상국가의 별명같이 들리기도 한다.

그러나 그 어느 경우이든 간에 우리는 '정의로운 개인'이란 표현은 쓰지 않는다. 왜냐하면 정의는 개인을 위해, 개인에 대해, 사회나 체제가 옳고 공정하다는 뜻이기 때문이다. 반대로 개인이 사회나 체제에 대해 옳게 행동하고 공정하게 행동해야 한다는 뜻이 아니기 때문이다. 정의에 관한 한 개인이 주인이다. 심판관이다. 사회나 체제나 정책은 정의의 잣대로 심판 받아야 하는 '심판의 대상'이다. 정의에 관한 한 주객은 뒤집힐 수가 없다.

미국 하버드 대학 교수 샌델은 각자 개인이 도덕심을 발휘하여 사회공동체를 위한 '공동선'을 우선시해야 한다고 지적한다. 샌델은 정의의 대상으로 개인 외에, 개인 위에 '공동체'라는 개념을 내세웠다. 어떤 조치나 정책이 '공동체'에게 옳고 공정한가를 따져야 한다는 뜻이다.

이는 영국 보수당 총리를 지낸 대처 총리의 "공동체는 없다"라는 명제와 반대되는 입장이다. 공동체는 마르크스의 '노동계급'과 비슷한 개인의 억압체라고 보았기 때문이다. 개인 위에 또는 개인 외에 어떤 '공동체'를 정의의 대상으로 내세우면 정의의 이름으로 개인을 억압할 수 있는 모든 독재 체제에게 초청장을 발부하는 것이 된다.

이와는 대조적으로 아마르티야 센은 비근한 예부터 시작한다. 금순이, 철수, 혜순이의 삼형제가 피리를 놓고 서로 자기가 가져야 한다고 주장한다. 금순이는 피리를 잘 불 줄 알기 때문에, 철수는 자기가 가장 가난하기 때문에, 혜순이는 그 피리를 자기가 만들었기 때문에 자기가 차지해야 한다고 주장한다. 이럴 경우 어떻게 결정하는 것이 정의로운 결정이겠는가? 센은 각 개인의 사정이 다르기 때문에 "정의로운 것은 이것이다"라고 단정하기 어렵다는 것이다.

자유 없이 정의 없다

위에서 말한 정의론 중에서 나는 아마르티야 센의 입장에 가깝다고 하겠다. 정의는 각 개개인에 어떤 것을, 어떻게 하면 정의로운 것이 되는가의 문제이기 때문에 극히 어려운 문제. 현실적으로는 끝에 가서 법에 호소하여 법원의 심판을 받는 길이 있기는 하지만.

정의는 우선 개인의 자유와 기본권의 평등을 뜻한다고 할 수 있다. 즉 개인의 기본권의 평등이 정의다. 평등은 자유와 모순된 개념같이 느껴질지 모른다. 그러나 참된 정의는 자유 밑에서, 자유 안에서, 자유를 위한 평등을 뜻한다. 따라서 자유 없는 정의는 있을 수 없다.

동시에 '정의 없는 자유민주주의'는 '자유 없는 민주주의'처럼 있을 수 없다. 개인의 자유가 보편적 가치라면 정의도 보편적 가치다. 개인에 대해 정의 없는 국가나 정의 없는 세계는 서지 못하고 앞으로 나아가지 못할 것이다. 혼란과 싸움의 장터로 남을 것이다. 최소한의 정의가 있어야 평화도 따른다. 그리고 되풀이하지만 정의의 첫 요건이 자유다. 자유로운 국가나 사회는 정의로울 수 있으나 자유 없는 곳에는 정의가 설 자리가 없다.

자유는 무엇이 공정하고 어떤 것이 불의인가를 가늠하게 해 주는 최선의 심판장이다. 자유가 없으면 억압이 따르고 억압이 있는 곳에는 탈취, 부조리, 부패가 정의를 먹어 치운다. 민주주의 간에는 전쟁이 없다는 것을 근·현대사가 입증해 주고 있다. 그러나 독재와 억압은 거의 예외 없이 전쟁과 손잡고 자유와 정의와 민주주의에 도전해 왔다.

'무지의 베일' 비판

인간은 이성적인 존재이기 때문에 본능적으로 자유를 원한다. 따라서 또 정의를 원한다. 이와는 대조적으로 평등(소유의 역할과 지위의 평등)은 본능적 욕구가 아니다. 사람의 시기심과 부러움과 열등감이 낳은 인위적이고 후천적인 욕구다.

정의에 대한 욕구는 자유와 마찬가지로 인간의 선천적 욕구라고 할 수 있다. 어린아이의 눈과 마음에까지도 무엇이 정의로운가를 가려내는 저울이 있고 잣대가 내재한다고 믿는다. 유치원 선생이 특정한 부모의 자식을 정당한 이유 없이 더 좋아하고 더 잘해 주는 행태가 어린아이의 눈에 불의하게 느껴져서 유치원 가기가 싫다고 하는 것을 나는 직접 경험했다. 정의는 자유와 함께 가장 무서운 인간의 내재적 거울이고 저울이다.

정의의 제도적 장치는 사법 제도가 대표한다. 법이 공정하지 못하고 사법부가 부패하면 정의는 흐트러지고 자유민주국가의 골격이 파괴된다. 정의는 국가권력이 얼마나 올바르게, 의롭게 행사되고 있는지를 가늠케 한다. 교육 제도는 자유로우면서 공정한가? 국민의 자유를 구속하는 각종 규제는 정당하고 정의로운가? 국민에게 삶의 기회를 균등하게 부여하고 있는가? 특히 과세의 기준과 정책이 정의로운가? 그리고 세금으로 거둔 국민의 재산을 정의롭게 사용하고 있는가? 정의는 이 모든 것의 판단 기준이며 잣대다.

존 롤스는 『정의론』에서 정의의 핵심을 분배로 보고 어떻게 하면 가장 '정의롭게' 분배할 수 있는가를 다뤘다. 롤스는 '평등한 분배'가 정의라고 판단했다. 그는 아무것도 모르는 완전한 '무지의 인간'을 상정하고 그러한 무지의 인간이 모여 분배 원칙을 정한다면 결국 평등하게 분배하는 데 합의할 것이라고 말한다. "어느 것이 자기 몫이 될지를 모르는 완전 무지의 인간은 평등하게 나누는 데 동의할 것이기 때문"이라는 것이다.

이 완전 '무지의 베일'을 상정한 분배의 정의는 현실적으로 존재하지 않는 사람을 내세웠기 때문에 비현실적이고, 무지의 인간이 정한 것이기 때문에 '어리석은 정의'라고 나는 믿는다.

'각자에게 그의 몫을'

가장 훌륭한 정의론은 인류가 이어받아 내려온 오랜 전통적 정의관에서 찾아야 한다고 생각한다. 전통 속에는 축적되고 시험된 인류의 지혜가 응고되어 있기 때문이다.

그 전통이 우리에게 전수하는 정의의 개념은 한마디로 말해 '각자에게 응당히 주어야 할 것을 주는 것(giving everyone his due)'이다.

열 사람이 산에 밤을 주우러 갔다고 하자. 8시간 후에 되돌아와 보니 어떤 사람은 한 되, 어떤 사람은 다섯 되, 어떤 사람은 한 말을 주워 돌아왔다. 또 어떤 사람은 술

마시고 담배 피우다 낮잠만 자고 빈손으로 돌아왔다. 밤은 전부 합치니 서 말이었다. 이 밤을 열 사람이 똑같이 나누어 갖는 것이 정의인가, 아니면 각자 주운 대로 갖는 것이 정의인가? 우리 안의 정의의 저울이 분명하게 일러준다고 하겠다.

그중 한 사람은 다리를 저는 장애인이었다고 치자. 그 사람에게는 자기가 주운 것에 더하여 한 되 더 주기로 합의할 수도 있다. 물론 낮잠 잔 놈은 빈손으로 돌아가야 하는 법이다. 이것이 진짜 정의가 아니겠는가? 물론 운이 좋아 한 말을, 운이 나빠 한 되만 주울 수도 있다. 그렇지만 우리 안의 정의의 잣대는 '운'도 그 사람의 '몫'이라고 느낄 것이다.

또 육체적으로나 정신적으로 남보다 뒤진 자가 있게 마련이다. 자연은 원래 다양하며, 따라서 우리 눈에는 불공정하게 보일 수 있다. 세상에는 풀잎 하나하나, 꽃잎 하나하나 똑같은 것은 없지 않은가. 그렇지만 장애인으로 태어난 사람이 있고 바보로 햇빛만 바라보는 사람도 있고, 어떤 자는 백만장자의 자식으로, 어떤 자는 거지의 딸로 태어날 수도 있다. 이 모든 대자연과 인간사회의 다양함과 인위적 불공정을 어떤 정의의 잣대로 바로잡는 방법은 없을까? 옛날부터 내려오는 수많은 '정의론'의 논쟁은 이 문제를 놓고 헤맨 인간 사유의 발자취라고 할 것이다.

정의는 자유와 마찬가지로 인간 의식의 발달과 연계되어 변하고 발달해 왔다. 고대 그리스 철학자들은 노예 제도를 정의로운 것으로 간주하고 이론적으로 정당화하려고 애썼다. 노예 제도는 1860년 미국의 남북전쟁 때까지 이어져 왔다. 그렇다고 하더라도 우리 안에는 언제나 이성이 있고 자유에의 욕구가 자리 잡고 있다. 때문에 고대 그리스 철학자의 눈에도 어딘지 모르게 노예 제도가 정의롭지 못하게 비쳤기 때문에 구차한 이론을 내세워 노예 제도를 정당화하려고 애쓴 것이 아닌가?

어린아이가 두 살만 되어도 이성의 눈을 뜨기 시작하고 자유롭게 생각하기 시작하는 것을 우리는 모두 체험한다. 인간 안에 있는 정의의 잣대는 그때부터 작동하기 시작하는 것 같다. 어떤 것이 자기 몫이고 어떤 것이 남의 몫인지를 분간하기 시작한다.

되풀이한다면 정의를 위해서는 최소한 다음 몇 가지 조건이 충족되어야 한다. 응당한 각자의 몫을 각자에게 주고 각자가 받을 것, 그리고 어느 것이 응당한 자기 몫인가는 각 개인 안에 있는 직관적 이성의 잣대가 저울질해 줄 수 있다. 이 이성의 잣대는 자유라는 이성의 본질

없이는 제대로 작동 못 하기 때문에 자유로운 사회 안에서만 정의는 꽃필 수 있다. 예컨대 사회의 구석구석에 도사리고 있는 각종 불의는 언론의 자유가 있어야 밝혀낼 수 있다. 끝으로 사법 제도가 어느 것이 정의로운가를 최종적으로 판정해 주어야 할 것이다.

정의로운 사회의 구현은 이런 개인의 기본권과 자유가 보장된 토대 위에서만 기대해 볼 수 있지 않을까? 샌델 교수가 말하는 '공동체'나 '공동선'은 오랜 시대에 걸쳐 논의되어 왔지만 그런 것은 손에 잡히지도 않는 허공의 꽃구름에 지나지 않는다고 믿는다. 따라서 정의는 이성적인 인간이 자유롭게 느끼고 생각하고 판단할 수 있는 자유 사회 안에서만 자라고 피어나는 꽃이라 할 수 있다. 자유 없는 곳에 정의를 기대하는 것은 '쓰레기통에서 장미꽃'을 기대하는 것이나 다름없다. 자유 없는 곳에 정의는 없고 자유 있는 곳에서만 정의는 꽃핀다.

이명박 전 대통령이 집권 후반기의 목표로 제시했던 '공정한 사회'는 정의로운 사회를 뜻한다고 생각한다. 공정한 사회는 인류의 이상이고 영원한 목표다. 그것은 '유토피아'의 별명이다. 우리 국민 10명 중 7명이 한국 사회가 불공정하다고 느낀다는 여론조사 결과가 보도되었다. 결코 놀라운 일이 아니다. 한국은 유토피아가 아니지 않은가.

한 가지만 말한다면 '공정한' 사회는 다같이 나누어 가지고 평등하게 산다는 공산주의적 유토피아가 아니라는 점이다. 자유 없는 곳에는 공정성도 없다. 집권자의 권력으로 불공정을 없애겠다면 김정은의 북한 체제로 가는 길만이 남게 된다. 그곳에는 개인의 이성이 자유롭게 작동하는 정의(공정성)의 잣대가 없을 뿐만 아니라 빈곤과 독선과 억압의 늪이 기다리고 있을 뿐이다.

공정한 사회의 건설을 꿈꾸는 대통령이 가장 경계해야 하는 낭떠러지가 바로 발밑에 있다는 것을 경계해 주기 바란다.

불완전한 개인

개인은 완전하지 않다. 반 가까이 비이성적이고 야수성을 지닌 동물이다. 이 불완전성은 권력의 개입을 정당화시키는 구실을 준다. 각종 독재와 폭군들에게 개인을 억압하는 구실을 준다. 비단 김일성, 김정일, 김정은뿐인가. 인류 역사는 개인의 불완전성을 미끼로 삼는 폭군들의 전시장이다. 따지고 보면 자본주의 시장경제의 불완전성도 개인의 불완전성에서 온 것이 아니겠는가.

　1930년대의 대공황, 근년의 재정 위기도 개인의 이기주의에서 그 원인을 찾을 수 있을지 모른다. 개인은 부도덕한 존재이면서 동시에 지적으로도 불완전한 존재다. 따라서 자기 이익을 챙기다 보니(이기주의는 전적으로 나쁜 것이 아니다) 다른 사람에게 누를 끼치게 된다. 대공황과 최근의 금융 위기를 보고, "그것 봐, 개인이 얼마나 사악한지 알았지? 개인에게 너무 많은 자유를 주면 안 돼! 개인을 법과 권력으로 묶어 목줄 맨 삽살개처럼 끌고 다녀야 해!"라는 식의 '개인 통제론'이 고개를 들기 시작하는 인상이다. 이것은 결국 개인을 억압하고 지배하려는 권력에 구실을 준다.

그러나 개인주의를 토대로 하는 자유민주주의는 개인의 자유와 권리의 중요성과 불가침성을 인식하는 체제다. 1930년대의 대공황 때처럼, 더 높은 자유 체제를 정비, 재창출함으로써 개인 자유의 영구한 자생력을 확인시킬 수 있는 체제다. 독재나 폭군은 나올 수도 없고 허용되지도 않는 체제다. 아침 해같이 다시 떠오르는 능력과 힘을 갖춘 체제다. 8·15 해방이 북한의 경우처럼 민족 독립을 통해 공산 독재로 이어졌다면 민족 해방의 존재이유가 없다. 민족 해방을 통해 국민 하나하나가 해방되고 자유롭게 될 때만 진정한 민족 해방의 뜻이 있다.

중국 정부가 2010년 상하이 엑스포(Expo)에 많은 외국 관광객들이 오자 이 기간 동안 시민들에게 옥외에서 잠옷을 입고 다니지 못하도록 해서 말썽이 생겼다고 한다. 만약에 외국인들이 눈을 가리고 볼썽사납게 생각한다면, 즉 다른 개인을 불편하게 한다면 계몽을 통해 잠옷 차림을 자제해 달라고 할 수 있겠지만, '국가의 체면' 때문에 '금지령'을 내린다면 그것은 잘못이라고 아니할 수 없다.

그런데 이상적으로는 모든 개인이 마음대로 옷을 골라 입고, 옷을 입든 말든 마음대로 노출하고, 벌거벗은 자와 반가림 한 자들이 마음대로 섞여서 마음대로 어울려 사는 완전한 자유의 사회는 이 지구상에서 가능할까? 아득한 미래의 하늘 위에 떠 있는 유토피아, '자유의 천국'이 희미하게 눈에 서리는 듯한 느낌이다. 그때가 올 때까지 인류 역사는 끝나지 않을 것이다.

자발적 책임과 의무

개인은 민족이나 국가나 사회에 대해 아무런 책임이나 의무도 지지 않고 자기 이익만 챙기는 이기적 존재인가? 그렇다면 국가나 민족이나 사회가 이기적 개인에게 의무를 부담시킬 수 있어야 하지 않은가? 국가가 개인보다 더 우선하고 우위에 있는 집단체가 될 수 있는 것 아닌가? 당연히 이렇게 반문하게 될 것이다.

고대로부터 근세 절대군주 시대에 이르기까지 개인은 군주나 국가 또는 교회에 대해 여러 책임과 의무를 져야 했고 또 져야 한다고 믿어 왔다. 군주가 개인에게 덮어씌운 국방의 책임, 납세의 의무는 그 핵심적 책임이고 의무였다. 그러나 르네상스와 종교개혁 이후 인간은 자유롭고 이성적인 존재라는 믿음이 확산되면서 그동안 개인에게 덮어씌워져 온 각종 의무와 책임도 개인의 동의 없이는, 즉 개인 스스로 자기 의사에 의한 선택이 아니면 강요할 수 없게 되어 갔다.

영국 식민지이던 미국에서 먼저 "대표 없이 세금 없다(No taxation without representation)"라고 하여 국민이 스스로 선출한 그들의 대표에 의해서만 세금을 부과할 수 있다고 하는 현대 민주주의 사상의 싹이 튼 것이다. 그리하여 1776년 미국의 건국을 계기로 현대식 헌법주의 정치가 발을 내딛게 되었다.

나라를 세우기로 결심한 개인들이 모여 스스로 헌법을 제정하고 그 안에서 각자가 국방의 의무, 납세의 의무 등 각종 책임과 의무를 지자고 규정한 것이 현대 민주주의 헌법의 특색이다. 즉 개인의 의무와 책임의 '자기부과론'이 나온 것이다. 가장 신성한 의무로 간주되어 온 국방의 의무도 얼마 전부터 세계 제일의 자유의 나라 미국에서는 지원병 제도로 바꿔어 버렸다.

따라서 개인의 뜻에 따라 스스로에게 부과한 각종 의무와 책임은 절대적 존재로서의 개인의 자유와 모순되지 않는다.

대한민국의 정체성

대한민국은 자유민주국가다. 세계사의 주류를 타고 그 흐름과 함께 가는 국가다. 한국 국민의 개인의 자유와 힘을 위해 태어나고 자리 잡은 국가다. 개인의 행복은 개인 각자의 주관에 따라 다를 수 있다. 그러나 개인의 행복의 보편적, 객관적 조건은 자유다. 자유라는 더 큰 힘의 소유다.

오랫동안 중국에 조공하며 예속했던 조공 국가, 일제에 항거하여 3·1 독립만세를 부르짖은 반일 국가, 상하이(상해) 임시정부의 독립운동 국가, 공산주의와 싸운 반공 국가, 미국과 제휴하고 동맹한 동맹 국가, 이 모든 것

은 사실이지만 1948년에 새로 탄생한 대한민국의 정체
성과는 별개의 역사적 사실일 뿐이다.

　북한 김정은이 항일 투쟁이나 반미 투쟁을 그들의 정
체성으로 내세우고 있는데 이는 공산 독재국가라는 그들
의 진짜 정체성이 수치스럽기 때문에, 그리고 대한민국
의 정체성이 너무도 우월해서 꾸며 낸 궤변에 불과하다.

　만약에 자유민주주의 대한민국의 새로운 정체성을 묻
는 이가 있다면 "자유의 나라, 개인의 나라"라고 답하라.
대한민국은 개인과 자유의 동산이다. 그 동산에서 자유
의 바다를 향해 흘러가는 개인의 강물, 자유의 하늘을 향
해 눈부시게 솟아오르는 푸른 개인의 봉우리, 이것이 대
한민국의 정체성이다.

한국문화의 다섯 가지 특징

한 나라의 문화는 그 나라의 정체성의 기반을 이룬다. 그렇다면 한국문화는 일본, 중국 등과 어떻게 다른가? 첫째가 정과 멋, 둘째가 유머와 낙천주의, 셋째가 개인주의, 넷째가 역동성과 활력, 다섯째가 끈기 또는 강인성이라고 할 수 있을 것이다.

정과 멋

우선 시조에서 정(情)과 멋의 예를 찾아보자.

(정) 있으렴 부디 갈까 아니 가든 못할소냐

무단히 네 싫더냐 남의 말을 들었느냐

그려도 하 애닯고야 가는 뜻을 일러라.

성종(조선 9대 왕)

(멋) 청산아 말 물어보자 고금 일을 네 알리라

만고영웅이 몇이나 지나더냐

이후에 묻던 이 있거든 나도 함께 일러라.

김상옥(영조 때 병조판서)

유머와 낙천주의

한국인 사이에 가장 널리 읽혀 온 『춘향전』과 『심청전』에는 가장 비극적인 장면 속에도 유머가 있다. 또 두 소설 모두 비극으로 끝나지 않고 희극으로 끝나고 있다. 실연을 노래한 우리 민요 '아리랑'도 나를 버리고 가면 "십 리도 못 가서 발병 난다"고 했지, 한강에 몸을 던지리라고 하지 않는다. 한 국민의 독특한 유머와 낙천주의가 담겨 있는 '한국식 슬픔'을 노래한다.

개인주의

중국인이나 일본인에 비해 한국 사람은 가장 개인주의적인 편이다. 중국에는 한족이라는 배타적 종족 개념이 강하고 일본에는 섬나라인 데서 오는 배타적 민족주의가 강하다.

일본에서는 한국보다 가족주의가 약하지만 대신 왕을 중심으로 한 일본인주의가 일본인의 개인주의를 압도하는 작용을 한다. 한국인과 일본인이 모여 앉으면 한국인은 자기 주장을 강하게 내세우면서 다른 한국인의 눈치를 별로 보지 않는다. 일본인은 개인으로서 생각하기보다 일본인으로서 생각하면서 동료들의 눈치를 보면서 말한다. 중국인은 한족의 우월감에 휩싸인 인종주의자 같은 인상을 준다.

한국인은 그 가족주의적 경향에도 불구하고 강한 개성과 개인 의견의 표출을 서슴지 않는다. 개인은 자유의 모태이고 개인주의와 자유주의는 함께 간다. 오늘날 동북아시아 삼국 중에서 한국이 가장 자유로운 나라가 된 것도 우연이 아니다. 자유는 한국인의 개인주의가 낳은 귀한 자식인 것이다.

역동성과 활력

한국인과 한국 사회의 활력은 외국인들이 받는 강한 인상 중의 하나다. 한국의 건설 현장이 내뿜는 활력과 역동성은 한국인의 본성이 아닌가 싶다. 현대 중국의 역동성은 세계에 뒤진 중국을 선진국으로 만들기 위한 국가적 노력과 한족의 인종주의적 분발에서 오는 활력이라고 볼 수 있다.

끈기와 강인성

가람 이병기 선생은 한국문학의 특색을 강인성과 끈기라고 했다.

"이 몸이 죽고 죽어 일백 번 고쳐 죽어 / 백골이 진토되어 넋이라도 있고 없고 / …"

가람이 즐겨 인용한 한국인의 강인성의 예다.

한국말은 가장 자유롭게 그리고 가장 자연스럽게 되풀이함으로써 강조하고 강하게 표현할 수 있는 언어가 아닌가 생각된다. 이런 언어의 사용법은 한국인의 강인성에서 왔다고 믿는다.

박정희의 신바람

권력은 필요악이다

모든 권력은 정부의 독점물이다. 그것은 개인을 사로 잡고 개인의 자유에 제동을 걸기 위해 있는 억압적 힘이 다. 따라서 서양의 많은 사상가들이 권력은 근본적으로 '악'이라고 보았다. 즉 정부도 '필요악'으로 간주한다. 권력은 들판에 있는 풀이나 꽃이나 나무를 억누르기 위해 있는 것이 아니다. 자연을 조절하고 지배하기 위한 인간 의 능력은 그냥 '힘'이라고 부른다. 이에 비해 인간이 인 간을 통제하고 지배하고 억누르는 힘은 '권력'이다.

따라서 모든 권력은 본질적으로 나쁜 것이다. 없는 것이 최선이겠지만 천사가 못 된 반(半)야수의 인간을 다스리기 위해 국민이 부득불 받아들인 것이 권력이다.

영국의 액턴 경이 "권력은 부패하는 경향이 있다. 절대적 권력은 절대적으로 부패한다"라고 했을 때 여기서 말하는 'power'는 사람이 사람에 대해 휘두르는 지배의 힘, 즉 우리가 말하는 권력을 뜻한다. 혹은 권력을 인간이 인간에게 안겨 주는 합법적 지배력을 뜻한다고 하는 의견도 있지만 인간에 대한 지배력인 뜻에서는 마찬가지다.

태초부터 모든 권력의 억압 대상은 인간이었다. 그중에서도 개인이 권력 조준의 초점이었다. 물론 어떤 단체나 집단, 예컨대 특정한 인종이나 민족을 굴복시키고 지배하기 위한 힘의 행사도 있었다. 그런 경우에는 권력이 아니고 힘이라고 불러야 옳을 것이다.

따라서 권력의 표적은 근본적으로 개인이다. 개인을 속박하고 억압하는 기능을 가진 것이 권력의 본질이다. 따라서 권력은 가장 무서운 개인의 적이다. 그리고 권력은 그 자체의 본질상 비대해지려는 경향이 있고 영속하려는 경향이 내재한다. 부패를 향하는 권력의 경향은 권력의 속성에서 온다. 따라서 권력은 그 본질상 악하다는 결론이 나오게 된다.

하지만 인간 사회는 권력을 필요로 한다. 인간이 백 퍼센트 순수 이성의 덩어리가 아니기 때문이다. 천사가 못되기 때문이다. 따라서 권력에 대한 자유민주주의의 입장은 간단명료하다. 필요악으로 간주하고 경계하며 필요한 만큼만 받아들인다는 것이다. 따라서 권력은 작을수록 좋다. 그것은 최소한의 필요한 양만 허용되어야 하는 독약이기 때문이다. 작은 정부, 필요한 최소한의 정부, 이 단어는 자유민주주의의 중심에 있는 철학적 신념이다.

'어린' 냉전 민주주의

현실 정치로 이야기를 옮겨 보자. 권력을 동원하여 대(大)운하도 파고 고속도로도 건설하고 공장도 세우고…. 이 얼마나 좋은 권력의 순기능인가? 한국의 경제 기적은 권력을 통해 이루어 낸 20세기의 기적이 아니고 무엇인가?

그러면 박정희 대통령의 현대화와 산업화의 기적을 그의 강력한 권력의 소산으로 본다는 뜻이다. 이렇게 보는 것은 그러나 가장 피상적이고 잘못된 견해다. 기적을 낳은 박정희 대통령의 영도력은 권력이 크고 강한 데서 온 것이 아니다. 그가 일으킨 '신바람'은 권력의 자식이 아니다. 권력이 신바람을 일으킨다면 김정일, 김정은 밑에서 신바람의 태풍이 일어나야 할 것 아닌가?

오히려 권력을 자제하고 기업인과 새마을지도자들을 옷 벗고 발 벗고 뛰게 만든 그의 신비한 카리스마, 즉 누구보다도 강한 소신, 목표의식, 애국심에 있다 할 것이다. 되풀이하자면 기업인과 새마을지도자들과 농민들을 분발시킨 그의 카리스마의 원천은 누가 보아도 직감적으로도 느낄 수 있는 충격적인 그의 애국심, 그의 집념과 정열, 그리고 그가 발산하는 자신감에서 왔다고 믿는다. 이승만 대통령은 행동으로, 박정희 대통령은 말과 눈빛으로 사람을 사로잡고 감동시키고 분발시켰다. 개인을 억누르지 않고 북돋아 주고 격려해 줌으로써 피와 눈물과 땀으로 그의 열정에 호응하고 보답하려는 개개 국민의 분발에서 이 두 지도자가 이룬 기적의 원동력을 찾아야 할 것이다. 새마을연수원에서 새마을지도자들의 경험담을 들으며 눈물 흘린 것은 나 혼자만이 아니었다. 그 눈물은 권력이 무서워서 나온 눈물이 아니다. 신바람을 타서 자기를 헌신하고 희생하는 새마을지도자들의 눈물

어린 경험담에 동감하고 감동되어 나온 것이다.

우리 역사에는 박정희 대통령이 휘두른 권력보다 몇 배 더한 폭군들이 있었다. 그러나 그 누구도 박정희 대통령만큼 우리 국민을 분발시키지는 못했다. 신바람을 일으키지 못했다. 기적을 낳지 못했다.

북한의 김정은보다 더 큰 권력을 휘두르는 자가 세계의 어느 구석에 또 있겠는가? 그곳에는 왜 신바람은 온데간데없고 숨 막힐 절망과 슬픔만 퍼져 있는가? 박정희 대통령의 정치를 독재정치니 권위주의 정치니 호칭하는 것은 박정희 대통령의 리더십의 본질을 모르는 데서 온 천박한 학자나 교수들의 말장난에 지나지 않는다. 그때에도 야당이 있었고 비판 언론도 완전하지는 못했지만 존재했다. 사회적 개방과 국제적 교류도 활발했다. 오직 국내 좌익에 대한 탄압만 눈에 띄었다.

박정희 대통령 시대의 역사적 현실과 한국 정치의 시대적 배경을 감안할 때 박정희 대통령 시대의 정치는 '냉전 민주주의'라고 특징지어야 할 것이다. 이는 대한민국을 건국한 이승만 대통령의 정치를 '이승만 독재'라고 부르는 것이 천박한 것과 같다. 그가 정치 한 시대적 배경을 염두에 둘 때 그 당시의 한국 정치는 응당 '어린 냉전 민주주의'라고 불려야 할 것이다.

독약도 병을 고칠 수 있는 것은 사실이지만 나는 권력에 순기능이 있는지 의심하는 사람 중의 하나다. 서구 민주주의 국가에서 권력의 기능을 중시하는 전통을 가진 정당으로는 영국의 노동당, 미국의 민주당이 있다. 이와 반대로 권력의 비대화를 경계하고 작은 정부, 최소한의 필요한 권력의 '작은 정부'를 선호하는 정당은 영국의 보수당, 미국의 공화당이라고 할 수 있을 것이다. 물론 자유민주주의의 전통 위에 선 이들 정당 모두가 권력의 비대화를 경계하고 비판한다. 권력에 대한 맹목적 신뢰와 의존은 공산주의나 나치 같은 멸망한 독재 정당과 정치인들에서만 볼 수 있을 뿐이다. 그리고 북한의 김일성, 김정일, 김정은에게서만.

리더십의 본질은 사랑

개인의 자유와 권리를 최고의 가치로 간주하는 자유민주주의는 본능적으로 권력을 불신한다. 이 자세를 견지하고 권력에 대해 경계의 눈초리를 떼지 않는 한 대한민국의 정치는 세계사의 흐름의 주류를 타고 자유의 바다를 향해 번영과 평화와 행복의 배를 타고 유유히 흘러 나갈 것이다. 반세기의 세계사적 기적을 이룬 한국은 앞으로도 그 같은 기적을 되풀이해서 쌓아 갈 것이다.

정말로 대다수 국민은 우도 아니고 좌도 아니란 말인가? 중도에 서서 좌든 우든 간에 '잘만 해 주기'를 바랄 뿐인가? 만약 우리 국민에게 자유민주주의의 핵심적 가치가 무엇인가 하고 묻는다면 압도적 다수가 '자유'(언론의 자유, 여행의 자유, 경제활동의 자유 등)라고 대답할 것을 나는 확신한다. 그다음은 '사유재산의 보장'이 아닐까.

국민은 우도 아니고 좌도 아닌 것이 아니라, 좌가 무엇이고 우가 무엇인지 잘 모르고 또 그런 데 관심을 둘 여유도 없이 매일 바쁘게 살아간다. 그러나 일인당 국민소득이 만 달러 이상 되는 나라의 국민은 근본적으로 보수적이다. 그렇기 때문에 영국이나 독일의 보수당은 좌경화되지 않는다. 오히려 좌익 정당들이 우경화되고 보수화된다. 이것이 현대 서구 정치의 가장 두드러진 특색 중의 하나다.

'중도 실용주의'는 그 개념 안에 대한민국의 자유민주주의 체제에 대한 확고한 신념과 확신이 안개처럼 희미해져 있는 용어다. 그 안에는 대한민국에 대한 긍지와 사랑이 희석되어 있으니, 모든 난관을 극복하고 그것을 향해 밀고 나가야 하는 비전, 즉 '목표 영상'이 없다. 강력하고 뚜렷한 리더십 목표물이 보이지 않으면 어떻게 국민을 리드해 나가겠는가?

자유민주주의 국가의 리더십은 좌경화될 수도 없고 중도에 서도 안 된다. 리더십의 본질은 자유민주주의적 이념과 가치에 대한 신념과 집념에 있다. 국민 개개인에 대한 배려와 사랑이 번개처럼 느껴지는 데 있다. 누구도 충격 받을 수 있는 눈과 입과 표정에 있다. 정과 신념과 배려로 국민을 이끌고 가난한 이들을 돌보고 쓰다듬어 주어야 한다. 그러한 리더십은 국민에게 감동을 안겨 줄 것이고 새로운 '신바람'을 일으킬 것이다.

국민은, 특히 경제인들은, 자유와 사유재산과 부의 중요성을 알고 믿는 지도자가 나와 주기를 고대하고 있다. 목표를 향한 그의 눈과 입술이 발산하는 '집념과 열정과 사랑'에 흥분되고 분발하고 따라갈 수 있기를 원하는 것이 국민이다.

거듭 말하지만 박정희 대통령의 신바람은 그의 권력에서 온 것이 아니다. 국민 개개인의 복지에 대한 그의 강력한 집념과 열정이 공기를 타고 가슴을 치는 '감동'에서 온 것이다. 추운 겨울날 버스 차장 소녀들에게 사 입힌 점퍼에서 온 것이다. 만약 박정희 대통령이 중도 노선을 취해 때로는 좌익 편에, 때로는 우익 편에 섰다면 그의 '조국 근대화, 산업화'의 꿈은 여기에 부딪치고 저기에 떠밀려서 아무것도 이루지 못했을 것이다. 그의 '신바람'은 일기도 전에 사라졌을 것이다.

박정희 대통령은 국민 앞에 서서, 국민을 이끌어 나갔기 때문에 국민들은 그를 따랐다. 그가 만약에 국민소득 백 달러도 채 안 되는 국민의 여론을 뒤따라갔다면 그는 한갓 사회주의 정치가로 전락하고 말았을 것이다. 오늘날의 경부고속도로도 포항제철도, 현대조선도 없을 것이다. 그가 조국 산업화와 근대화의 꿈을 안고 국민보다 아득하게 앞서서 국민을 이끌고 나갔기 때문에 그는 위대한 업적을 쌓을 수 있었다.

되풀이 말하자면 국민 앞에 서서 나아가야지 국민 뒤를 따라가거나 옆에서 같이 가는 지도자는 아무것도 이루지 못한 평범 이하의 대통령으로 끝날 수밖에 없다.

박근혜의 정과 멋

박정희 대통령의 리더십을 '신바람' 리더십이라고 한다면 박근혜 대통령의 리더십은 '정과 멋'의 리더십이라고 할 수 있을 것이다. 한국 역사상 박근혜 대통령만큼 정과 멋을 대표하는 인물은 찾기 어렵다고 믿는다.

정과 멋은 옛날부터 우리말 속에 이어지고 이어받은 아름다운 덕목이고 가치이다. 특히 우리 국민의 지도자가 배우고 몸소 실천해야 하는 한국 고유의 덕이고 자질이다. 한국적 자기수양의 지침이다. 정과 멋은 또 유달리 한국적이면서도 보편적, 세계적인 면을 지닌 인류적 덕목이다.

정

정은 무엇이냐고 다시 묻는다면 한마디로 말해 '한국적 인간 사랑'이라고 할 수 있을 것이다.

진보주의자들이 전매특허처럼 내세우는 불우한 자에 대한 동정심이나 연민의 감정은 한국적 정이 아니다. 특정 계급이나 집단에 대한 증오와 미움이 숨어 있는 감정은 정이 아니다. 그런 감정은 세계 어디나 있다.

위에서 내려오는 정이 진짜 '사랑의 정'이라면 아래서 올라오는 정도 진짜 '사랑의 정'일 것이다. 가난한 자와 잘사는 자 간에도 시기와 미움이 없으면 그 사이에 흐르는 정은 한국적 사랑의 정이라고 할 수 있을 것이다.

레이건 대통령의 말처럼 "내가 국민을 좋아한다는 것을 그들이 느끼기 때문에 국민도 나를 좋아하는 것 아닌가요?" 가는 정이 있으면 오는 정이 있는 법이다.

진짜 한국적 정은 미국의 '인간 사랑의 정'과 상통한다. 인류에 대한 보편적 사랑의 정서이다. 질투나 시기나 미움의 감정이 숨어 있지 않는 정서가 한국적 정이다. 봄날같이 따스하고 밝은 것이 한국적 정이다.

정은 따뜻함과 눈물과 미소가 가슴속에 꽃같이 함께 피어 출렁거리는 감동이다. 인간이 인간을 끌어안아 주는 접착제이다.

한국적 정은 우리 국민을 세계에서 가장 강한 한 덩어리 국민으로 만들 수 있는 신비한 힘을 품고 있다. "가는 정이 있어야 오는 정이 있다"라는 속담은 한국적 정이 얼마나 널리 그리고 깊이 우리 문화의 뿌리가 되어 있는지를 짐작하게 한다.

모름지기 한국 지도자는 자기수양을 통해 정에 살고 정에 죽는 지도자가 되어야 하지 않겠는가?

멋

멋은 무엇인가? 멋있는 대통령, 멋있는 지도자라고 하면 더 설명이 필요치 않은 것 아닌가? 멋은 우리의 피요 살이요 뼈라고 할 수 있는 참으로 멋있는 표현이다. "이 그림 멋있다", "저 노래 멋있다"는 손과 목이 자아내는 멋이겠고, 멋있는 표정과 얼굴은 내 마음이 뿜어내는 멋이라고 할 수 있을 것이다.

사전에는 멋을 "행동과 됨됨이 훌륭하다는 뜻"이라고 하였다. 멋은 적어도 다섯 가지 정신적 요소가 엉켜 있는 것 같다.

그 첫째가 뛰어남(excellence)이라고 할 수 있다. 그리스 철인 아리스토텔레스는 "행복은 뛰어난 활동이다"라고 하였다. 이 세상에 태어나면서 첫 울음을 터트릴 때부터 인간의 일생은 활동으로 시작되고 활동으로 끝난다. 우리의 멋은 이 활동을 뛰어남과 연결시키는 말이라고 믿는다.

둘째, 멋 속에는 아름다움이 내포되어 있다. 아름다움이 없으면 멋있다고 할 수 없지 않은가? 어느 사물이든 아름답지 않으면 입에서 멋있다는 소리가 나오지 않을 것이다. 아름다움은 멋과 함께 고유한 우리말인 데다 멋 속에 엉켜 있는 귀한 우리말이라고 아니할 수 없다.

셋째, 멋 속에는 위대하다(great), 또는 크다는 뜻이 내포되어 있다 하겠다. 우리가 왜 크고 위대한 것을 좋아하는가에 대해 어느 누가 "큰 것은 하느님의 무한한 크기에 조금이라도 더 가깝기 때문"이라고 하였다. 어떻든 간에 멋에는 크고 위대하다는 뜻이 포함되어 있다 하겠다.

넷째로 멋은 대담하고 용기 있다는 뜻이 포함된 말이다. 동물도 호랑이와 사자는 멋있는 동물이지만 토끼와 노루는 멋이 있는 동물이라고 하기 어렵다. 사람에 있어서도, 특히 지도자에게는 필수 불가결의 자질이 용기라고 아니할 수 없다. 용기 있는 결단, 용기 있는 조치가 늘 요구되는 것이 지도자가 아닌가!

다섯째, 멋은 도덕적으로 떳떳함, 부끄러움 없음, 깨끗함을 뜻한다고 하겠다. 부패하고 썩고 더러운 인간은 앞의 네 가지를 다 구비하고 있더라도 멋있는 인간이 될 수 없다. 멋은 푸른 하늘이기 때문이다.

다시 말하자면 멋은 뛰어남, 아름다움, 위대함, 용감함, 그리고 깨끗함이 함께 어울려 있는 한국적 지도이념이다. 정과 함께 가장 멋있는 한국 지도자가 구비하고 있어야 할 자질이다. 앞으로 세계의 중심 무대에 우뚝 설 대한민국의 지도자는 정과 멋을 가슴에 품은 정답고 멋진 지도자이기를 빌고 바란다.

박근혜 대통령은 한국적 정과 멋의 가장 대표적인 상징이라고 믿는다. 강하면서도 따뜻하고, 용감하면서도 미워하는 기색이 보이지 않는 여성 지도자! 남북을 통틀어 우리 국민이 그 정답고 멋진 품에 안겨지기를 꿈꾸는 대통령! 더하여 그는 뛰어난 두뇌의 소유자라는 인상을 강하게 받는다.

'정과 멋에다 높은 IQ를 가진 대통령은 성공할 수밖에 없는 대통령이 아닌가!' 하고 혼자서 중얼거려 본다.

행복주의

박근혜 대통령은 또 그의 시정목표의 하나로 행복을 내세웠다. 그런데 그가 말하는 행복이란 무엇인가? 나를 기쁘게 하거나 기분 좋게 하는 것이 행복인가? 돈, 권력, 지위, 명예, 또는 아들딸이 행복을 주는가? 행복은 무엇을 뜻하는가?

나는 1948년에 서울대 예과에서 법과나 정치과를 택하지 않고 철학과를 택했을 때부터 나의 한평생을 마르크스주의나 공산주의를 극복할 수 있는 철학을 공부하기로 결심하였다. 나는 장관이니 총리니 하는 지위나 권력에는 관심 없었다.

내가 외교관으로 워싱턴DC에 부임했을 때 마침 케네디 대통령의 취임 1주년 기념 기자회견 하는 것이 TV에 방영되고 있었다. 한 기자가 물었다.

"대통령께서는 지난 1년간의 파란 많은 직무에 행복을 느끼십니까?"

"행복에 관한 고대 그리스의 정의에 '행복은 뛰어난 활동'이라고 했는데, 그 말에 따르면 나는 행복합니다."

나는 바로 도서관에 가서 아리스토텔레스의 행복론을 읽고 한평생 간직하면서, 젊은 대통령에게 그러한 행복론을 가르친 하버드 대학의 교육에도 감탄한 기억이 있다.

박 대통령의 행복주의에는 부패를 예방하기 위한 '행복의 가이드라인'이 추가되어야 할 것이다. 즉, 행복은 하느님을 믿는 데서 온다거나 아니면 뛰어난 활동에서 온다는 것을 청와대 비서진과 국민들이 명심하도록 해야 할 것이다. 그렇지 않으면 대한민국은 쾌락 추구의 축구장이 되고 말 것 같은 느낌이다.

레이건의 다짐

레이건의 비문

　미국을 쇠퇴론의 구렁텅이로부터 구출한 대통령, 반세기에 걸친 소련 공산주의와의 냉전에서 총 한 방 쏘지 않고 승리를 이끌어 낸 대통령, 미국 정치의 주류를 영원한 보수주의 정치이념으로 짙게 물들여 놓은 대통령…. 하늘에 있는 레이건의 묘비는 이렇게 새겨져 있을 것으로 믿는다.

쇠퇴론에 병든 미국

1970년대 중반 미국 내 주유소에서는 자동차가 줄을 서서 얼마간씩의 휘발유 배당을 기다리고 있었다. 탄핵의 위기에 몰린 닉슨 대통령은 국제적 수치 속에 중도하차하였고, 월남전은 공산 통일로 끝을 맺었고, 아프리카의 앙골라, 중동의 아프가니스탄, 중남미의 니카라과와 엘살바도르 등에서 공산주의 세력은 계속 기승을 부리고 있었고, 이란의 호메이니 혁명으로 미국 대사관 직원 52명이 인질로 붙잡혀 있었고, 미군의 구출 작전은 아랍 사막에 미군 헬리콥터의 잔해만 남겼다. 침체에 빠진 미국 자본주의는 연 두 자리 숫자의 인플레이션 속에 허덕이고 있었고, 미국의 저명한 학자 폴 케네디(Paul Kennedy)는 "미국의 전성기는 끝나고 이제 쇠퇴의 길로 들어섰다"고 예언하였다. 사양길로 들어선 병든 미국이 공산주의와의 냉전에서도 패배할 것이 당연한 듯하였고, 많은 우리 유학생들은 소련 공산주의가 미래의 물결이라고 믿기 시작하였다.

미국 국민들이 2류 국가로 전락하게 될 미국의 운명을 감수하는 듯 희망 없는 나날을 보내면서 침체와 비관과 체념의 늪 속으로 점점 깊이 빠져들고 있었을 때, 한국 나이로 70세의 2류 배우 출신 한 노인이 대통령 자리에 등장하였다. 공산주의와의 생사를 건 냉전이 계속되는 가운데 이 쇠퇴주의 병을 앓고 있는 미국을 어떻게 무슨 수로 구제할 수 있을 것인가?

레이건의 애국심

레이건은 대통령 취임사를 끝맺기 전 국회의사당 건너편의 알링턴 국립묘지를 바라보며 1차 대전에 나가 전사한 한 시골 소년 마틴 트렙토(Martin Treptow)가 남긴 「애국의 맹세」를 인용하였다.

나는 일할 것이다,
나는 저축할 것이다,
나는 희생할 것이다,
나는 인내할 것이다,
나는 이 전쟁의 전 목표가 내 홀로에게 달려 있는 듯, 즐겁게 싸우면서 나의 최선을 다할 것이다.

이 미국 젊은이의 애국의 맹세는 얼마 전 "대~한민

국!"을 부르짖고 태극기를 흔들며 소위 386 세대를 뛰어 넘은 '영원한 20대' 우리 젊은이들이 외침이 아니냐 하는 착각을 일으킬 정도로 진솔하고 순박한 애국의 목소리다. 레이건은 취임사에서 애국을 설교한 것이 아니다. 그가 스스로 살아갈 자기 자신의 애국 신조를 한 소년의 글을 빌려 자백한 것이다.

그로부터 1년 후 그는 의회에 나와 서부 활극 속의 난장판이 된 마을에 되돌아온 보안관을 묘사하듯 "미국은 되돌아왔다. 키 높이 서서…(America is back, standing tall . . .)" 라고 갈파할 수 있었다. 칠순을 지난 늙은 지도자 아래서 쇠퇴주의 병의 검은 안개는 서서히 걷히고 밝은 아침의 햇빛 아래 자유의 재생력이 발동을 걸고 있었다. 그 비결은 무엇이었을까?

국민보다 권력을 더 사랑하면

어느 대통령치고 나라를 사랑한다고 말하지 않는 자는 없다. 그러나 얼굴에 나타나는 눈빛만은 숨길 수 없다. 권력을 더 사랑하고, 자기 편을 더 아끼고, 바르게 지적하는 자를 미워하고, 잘사는 국민을 질투하고, 자기를 비판하는 언론을 적으로 취급한다. 나랏일로 고민하는 빛은 보이지 않고 얼굴이 핼쑥해지기는커녕 기름기로 번질번질해지고 살이 찌는 것을 본다. 권력과 지위에 자기도취하고 있는 인간, 이것은 레이건이 주는 역설적 교훈이다.

레이건 대통령은 가난하였을 뿐 아니라 대학도 시시한 시골에서 나왔고 영화배우도 2류 배우로 치부되었다. 그러나 그는 미국과 미국 국민을 진실로 한없이 사랑하였다. 그가 무장 괴한에 의해 저격당하였을 때 부인 낸시를 보자마자 "여보, 내가 엎드리는 것을 잊었소" 라고 한 말은 "범인은 잡혔나? 잡아서 엄벌해…" 하는 식의 자기중심적 의식구조와는 너무도 다르다.

해마다 미국 언론 간부들을 초청하여 대통령과 유머와 농담을 교환하는 만찬장에서 한 언론인이 "대통령께서는 집에 가져간 공문서를 TV 광고 시간에만 잠깐잠깐 읽는다면서요?" 하고 레이건 대통령의 게으름을 꼬집었다.

"그것은 거의 맞지만 조금은 틀렸소. 광고 시간에는 광고를 열심히 보고 뉴스 시간에는 공문서를 읽지요."

만찬장에 폭소가 터졌다. 어느 기자가 "당신은 왜 그렇게도 국민들에게 인기가 좋습니까?" 하고 물었다. 즉

석에서 그는 "아마도 나도 그들을 좋아한다는 것을 느끼고 있기 때문이 아니겠소"라고 답하였다. 그는 자기를 미워하고 비난하는 자를 포함해서 모든 국민을 진정으로 사랑한 대통령이었다. 참된 애국은 국민을 사랑하는 마음으로부터 시작되며, 참된 영도력은 사랑으로부터 솟아나온다.

레이건의 화법

베를린 장벽 앞에 서서 "고르바초프 씨, 이 장벽을 허무시오!"라고 외쳤을 때 많은 미국 지도자들이 겁을 먹고 걱정하였다. 소련을 '악의 제국'이라고 호칭하였을 때도 마찬가지다. 그의 화법과 화술은 우리 노무현 대통령의 화법처럼 솔직하고 가식 없고 직설적이다. "저것 참, 저러다가 큰일나지 않을지…" 하며 공포감에 휩싸인 병아리 정치인들도 많았다고 한다.

그러나 레이건의 화법에는 격이 있고 위엄이 있었다. 저속한 싸구려 말투를 기피하였다. 공산주의에 대한 의분은 강했지만 소련 고르바초프에 대한 증오는 없었다. 때문에 서로 만날 수 있었고 가슴 털어놓고 대화할 수 있었다.

"김정일 위원장, 저 핵을 철거하시오!"라고 외칠 수 있고 북한을 '악의 계곡'이라고 호칭할 수 있는 대한의 지도자는 언제 어디서 나올 것인가? 부시가 우리를 대신해 북한을 '악의 축'이라고 했다고 꼬집는 비겁한 우리 민족 아닌가.

아이슬란드에서 고르비와 핵미사일 감축 협상을 벌이다가 끝내 결렬되고 서로 자리를 박차고 나왔을 때 고르비가 따라 나오면서 "낸들 어떻게 하라는 말인가!"라고 항의했었다. 레이건은 고르비의 얼굴을 향해 "YES라고 할 수 있었잖아(You could have said YES)!"고 쏘아붙였다.

위대한 전달자(Great Communicator)로 불린 그는 솔직하고 단도직입적이고 강한 화법을 썼지만 품격 없는 표현은 안 썼다. 평양 가서 김정일과 6·15를 협상할 때 TV에 비친 DJ의 힘없는 말소리가 눈을 가린다.

미국 국민에 대한 사랑과 낙천주의

레이건 대통령은 의사로부터 치매의 초기 단계라는 진단을 받고 1994년 11월 5일 "나의 친구 미국 국민에게"

라는 고별 편지를 직접 써서 배포하였다.

"… 끝으로 여러분의 대통령으로서 여러분에게 봉사할 수 있는 커다란 영광을 베풀어 주신 미국 국민에게 감사합니다. 언제가 될지는 몰라도 하느님이 나를 부르시는 때는 나는 우리들의 이 나라에 대한 최대의 사랑과 그 장래에 대한 영원한 낙관을 안고 떠날 것입니다.

이제 나는 나의 삶의 해저묾으로 이어질 여행길에 오릅니다. 미국의 앞길에는 언제나 밝은 아침이 있을 것을 나는 압니다. 감사합니다. 친구들이여, 하느님께서 항상 여러분을 축복하소서. 로널드 레이건."

영원한 보수주의자 레이건

그는 미국과 미국 국민을 사랑했기 때문에 계급의식에 기초한 좌와 우의 분열 정치를 멀리하였다. 그 대신 그는 좌냐 우냐보다 한 차원 높은 '영원한 보수주의' 정치 철학의 소유자였다. 개개인의 행복의 기초인 개인의 자유와 개인의 힘을 무한히 키우고 신장시키는 것이 정치의 목적이라고 믿었다.

"우리의 선택은 실로 (좌냐 우냐가 아니고) 위로 가느냐. 아래로 가느냐가 아닙니까? 아래로 향해 국가주의로, 복지국가로(정부가 가난한 계층을 돌봐주어야 한다는 현대판 사회주의 국가), 그리고 더 많은 정부 권력이 따라붙는 정부 돈 선심 쓰기로, 더 적은 개인의 자유 그리고 궁극적으로는 전체주의 독재로 향해 아래로 내려가는 길이지만 언제나 우리들 자신을 위한 길이라고 내세우는 길. 이와 대치되는 또 하나의 길은 우리 건국의 아버지들의 꿈인 올라가는 길, 즉 질서 있는 사회 속에 개인 자유의 극치를 향해 올라가는 길입니다."

레이건 대통령은 정부 권력이라는 것을 본성상 끝없이 비대해지는 억압의 괴물, 개인의 자유를 짓밟고 개인의 재산을 먹어치우는 공룡과 같은 것으로 간주하였다. 정부가 그 권력을 통해 모든 문제를 해결해 줄 수 있다고 믿는 좌익 진보주의적 시각을 철저히 불신하고 배격하였다. 모든 종류의 부패도 따지고 보면 정부 권력에 따라붙어 다니는 똥파리에 불과하다는 것을 알고 있었다.

정부가 문제를 해결해 준다는 것은 거짓이다. 바로 "정부 자체가 문제"라고 갈파하였다. 국민의 등에서 정부라는 원숭이를 떼 주자고 호소하였다. 그가 소련 공산주의 독재를 누구보다도 강하게 싫어한 것도 그의 이러한 자유의 힘과 가치를 신봉하는 '영원한 보수주의 신조' 때문이라고 볼 수 있다. 사상 최대의 군비 확충 사업도 소련의 억압 체제가 얼마나 사악한가를 간파하고 있었기 때문이다.

레이건의 신바람

그의 개혁은 정부 권력을 빼앗아서 국민에게 되돌려주는 정부의 '자기부정적 개혁'이었다. 가장 큰 감세 조치를 통해 국민이 번 돈을 국민에게 최대한 되돌려주는 개혁이었다. 침체 속에 허덕이던 미국 경제에서 정부의 간섭과 규제를 제거해 줌으로써 국민 개개인의 창의와 창업 정신을 최대한 북돋워 주는 개혁이었다. 정부를 믿고 정부에 의존하는 개혁이 아니고 국민을 믿고 국민에게 의존하는 개혁이었다. 정부와 관료에게 힘을 실어 주는 개혁이 아니고 국민에게 힘을 실어 주는 개혁이었다. 국민이 정부보다 더 현명하고 선하다는 것을 믿는 개혁이었다.

미국 국민들 간에 '신바람'이 일어나고 너나 나나 할 것 없이 또 다시 뛰기 시작한 것은 당연한 일이다. 쇠퇴주의와 패배주의 대신 미국 고유의 자신감과 낙관론이 무지개처럼 떠올라 펼쳐지기 시작하였다. 거대한 미국 경제의 엔진이 다시 우렁차게 시동하였다.

당시 〈타임〉지는 하늘을 두 팔 벌려 나는 미국 국민의 행복감을 그 표지에 띄웠다. 이윽고 그가 '악의 제국'이라고 갈파한 소련 공산주의 체제가 미국과의 군비 경쟁의 중압을 못 이겨 무너지고 반세기에 걸친 냉전이 민주주의와 자본주의의 승리로 끝나고 말았다. 미국이 유일 초강국으로 21세기 역사 무대에 우뚝 등장하였다.

인류가 어떤 형태든 조직체를 꾸며 살아가야 하는 한 인간이 인간을 억압하는 정치권력을 경계하고 견제해야 한다고 믿는 레이건의 '영원한 보수주의'는 자유에 대한 인간의 염원과 함께 밤하늘의 별처럼 반짝일 것이다. 그의 이름도 20세기 역사 안에서 하나의 커다란 별같이 빛날 것이다. 영롱한 한미동맹의 별과 함께!

"Because it is a law"

1970년대 중반 주미 공사로 근무할 때의 이야기다. 수도 워싱턴DC의 근교 버닝트리 컨트리클럽(Burning Tree Country Club)이라는 골프장에 초청받아서 골프를 치러 간 적이 있었다.

그 골프장은 미국의 전·현직 대통령을 포함해서 전·현직 장관들, 상·하원의원들, 세계은행과 수출입은행장들 같은 미국의 '지도층'이 회원으로 가입하고 있었다. 동양인 회원은 김동조 한국 대사와 일본 대사뿐이었다. 여자는 회원이 될 수 없었고 여자가 골프장에 발을 넣을 수 있는 때는 일 년에 단 한 번, 크리스마스 때 남편 선물을 사기 위해 프로숍에 가는 것만 허용되는 곳이었다.

골프장은 그러나 검소하였다. 특별히 고급스런 건물이나 시설도 안 보였다. 오히려 다른 이름난 골프장에 비하면 '가난한' 느낌을 주는 골프장이었다. 정부에서 세운 골프장은 물론 아니었고 대기업이나 미국의 갑부가 마련해 준 것 같지도 않았다. 그러나 하도 '명사들'의 골프장이라고 듣고 있었기에 좀 떨리는 호기심을 안고 옷 갈아입는 라커룸으로 들어갔다.

그때 동행한 친구가 내게 주의를 주었다. 라커룸 안이나 목욕탕 주변에서 수건으로 남자의 상징을 가려서는 절대 안 된다는 것이었다. 나는 옷을 갈아입으면서 옆에서 왔다갔다 하는 벌거벗은 미국 남자들을 힐끔 힐끔 숨겨보듯 쳐다보았던 기억이 난다. 아 아, 여자를 받지 않는 것은 이 때문이겠구나!

낯선 구경감에 대한 이러한 나의 첫 짐작이 얼마나 피상적이었는지를 알게 되기까지는 물론 시간이 걸렸다. 컨트리클럽은 골프를 통해 서로 사귀고 친해지는 사교 장소라는 것, 그러기 위해서는 가장 은밀한 부위도 서로 숨기지 말아야 한다는 것, 여기에는 여당도 없고 야당도 없고, 대통령과 일개 작은 외교관 간에 차이도 없었다. 모두 똑같은 인간이라는 것이었다. 골프장에서만은 서로 인간으로서 친해져야 한다는 것이었다. 의회에서는 주먹으로 연단을 내리치며 언쟁을 벌인다고 하더라도.

'에라 몰라, 골프나 잘 쳐야겠다'고 단단히 작심하며 골프채를 빼든 나에게 두 번째 경고가 떨어졌다. "절대로 도박하거나 돈 걸기를 해서는 안 된다"는 것이었다. 돈 걸기도 못한 재미없고 맥 빠진 듯한 골프를 끝내고 수건으로 가리지 않은 채로 목욕을 한 다음 옷을 갈아입고 동료들과 함께 식당으로 들어가려고 했을 때 또 한 번의 주의를 받았다. "절대로 빈자리에 따로 앉지 말고 다른 사람들이 앉아 있는 테이블에 가서 끼여 앉아야 한다"는 것이었다. 덕택에 나는 일개 대사관 공사로서 상원의원과 장관들 사이에 끼여 밥을 먹는 행운도 누렸다.

식사 후에 즐길 수 있는 카드놀이 방이 따로 있었다. 이제는 그 방에 가서 포커게임으로 작은 도박을 할 수 있겠구나 했더니 거기서도 어떤 도박도 금지된다는 것이었다. 하는 수 없이 종이와 연필로 한국 사람들끼리만 알아볼 수 있게 숫자로 돈을 걸고 집에 가서 따고 잃은 것을 지불하기로 약속하는 '후불 도박'을 한 기억이 난다.

국회에서는 서로 정적일지라도 밖에서는 인간적으로 친해지자, 감추는 것 없이 서로 알몸으로 사귀자, 돈 놀이를 하지 말자(부패하지 말자)…. 대개 이런 것이 버닝트리 컨트리클럽의 규칙이었다. 놀라운 것은 이 규칙들이 철저히 지켜지고 있구나 하는 인상을 받은 점이다.

다시 10여 년 전으로 더 거슬러 올라가서 주미대사관 정무참사관으로 부임했을 때 이야기다. 미국 운전면허를 따기 위해 실기시험에 합격하고 필기시험을 치렀다. 미국 교통규칙을 공부하고 갔기 때문에 필기시험은 100점 만점을 받았을 것이라고 자신하면서 시험 성적 발표를 기다리고 있었다.

이윽고 시험관(교통경찰관)이 나와서 내 성적을 99점이라고 통보해 주었다. 나는 "다 맞게 답했는데 무엇이 틀렸는가?" 하고 물었다. 그 경찰관은 내 답안지를 보여 주면서 "여기가 틀렸다"고 지적해 주었다.

물음은 "앞뒤 좌우 어느 곳에서도 차가 오지 않는데 회전 깜빡이 신호를 깜빡거리는 것은 불필요하다. ○ ×"였다. 나는 자신 있게 '물론 그렇다, 맞다' 하고 ○에 표식을 한 것이 틀렸던 것이었다. 너무도 뜻밖이어서 "차가 아무 곳에도 없는데 왜 깜빡이 신호를 켤 필요가 있느냐?"고 따져 보았다. 그 경찰관의 답은 짧은 다섯 마디였다.

"Because it is a law (그게 법이니까요)."

그 순간 내 머리에는 약 2천 년 전에 "악법도 법이다"

라고 하며 독물을 마시고 세상을 떠난 그리스의 철인 소크라테스의 생각이 스쳐갔다.

얼마 전에 한 외국 사람이 한국의 교통신호는 준수해야 할 '법적 신호'가 아니고 참고로만 하라는 '참고적 신호'로 여겨지고 있는 것 같다 하며 쓴소리 하는 것을 들었다. 교통신호뿐만 아니라 법이 한국에서는 참고자료에 지나지 않는 것 같다.

역사는 이성이 이끌어 가고 있고 그 이성은 법을 통해 작동한다. 이것은 철학자 헤겔이 아니더라도 얻을 수 있는 역사의 교훈이 아니겠는가?

그건 그렇다 치더라도 서울 근교에 미국의 버닝트리 컨트리클럽과 비슷한 골프장이 하나 있었으면 하는 생각이 이따금 떠오른다. 그러면 우리의 전·현직 대통령이나 국회의원이나 장관이나 골프를 좋아하는 대법관들이 사업가나 기업인들에 신세 질 필요 없이 '깨끗한 골프'를 즐길 수 있지 않을까? 버닝트리 컨트리클럽에서처럼 라커룸에서 수건을 가리지 않고 벌거벗은 알몸으로 서로 인사하고 식당에서는 서로 끼여 앉아 여·야 간의 정적 사이에도 오손도손 이야기할 수 있고 작든 크든 돈을 거는 골프를 일체 하지 않는 골프장. 거기에 한 가지만 더하여 그 곳에서는 '싸우지 않기'라는 규칙이 준수

되는 골프장.

이런 골프장이 있다면 비민주적이고 엘리트주의적 발상이라고 비난하는 사람도 있겠지만, 사회 지도층 간에 준법정신이 꽃을 피우고, 부패의 먼지를 씻어 버리는 맑은 샘물이 솟아 흐르고, 여·야 간에 핏발을 곤두세우며 싸우지 않는 대한민국 지도층을 위한 눈부신 정치문화의 터전, '언덕 위의 빛나는 집'이 될 수 있지 않을까.

꿈인지 생시인지 창밖에는 함박눈이 소리 없이 쏟아지고 있었다.

건국 대통령 망명의 진실

대한민국 건국 67주년이 되는 금년까지 우리는 11명의 대통령을 배출하였다. 그중에 후세들이 이어받을 가치가 있는 변화와 발전을 이룩한 통치자는 3명이라고 생각한다. 요즘의 젊은이들은 잘 모르는 듯하니 이 글은 그중 두 분을 소개하기 위한 글이다.

이승만 대통령은 오늘날 응원단의 '붉은 악마'들이 흔들어 대던 태극기의 나라, 자유민주주의 대한민국을 세운 건국 대통령이다. 공산주의를 '시대정신'이라고 믿고 있던 1950~60년대에 전 세계에서 자유민주주의와 시장경제의 이념으로 나라를 세운 유일한 건국 지도자였다. 그리고 한미동맹을 체결하여 한·미 양국이 민족의 통일뿐만 아니라 인류의 자유와 평화와 번영을 향한 21세기의 길손이 될 수 있는 길을 닦은 위인이다.

박정희 대통령은 5천 년 만에 처음으로 보릿고개를 넘어 오늘날의 현대 산업국가의 터전을 닦은 근대화의 초석을 다진 대통령이다. 반세기 만에 대한민국을 아프리카 정글 국가의 대열에서 벗어나 선진국 대열에 세운 세계사적 기적의 창시자이다.

이승만 대통령이 없었더라면 자유민주주의 대한민국은 오늘날 세계사의 주류 속에 우뚝 서서 전진할 수도 없을 것이고, 박정희 대통령이 없었더라면 세계에서 열 손가락 안에 드는 현대 산업국가로서의 대한민국도 없을 것이다. 세종대왕 이후 가장 위대한 인물인 이 두 대통령에 대한 평가는 국내보다 국외에서 더 높고 빛난다. 우리 국민의 역사 평가에 무언가 모자라는 점이 있다는 증거가 아닌가 싶다.

그런데 이승만과 박정희 두 대통령 사이에는 특별한 인연관계가 있었다.

때는 지금으로부터 55년 전인 1960년 초여름으로 거슬러 올라간다. 이승만 대통령은 곽영주 경호실장의 발포로 많은 데모 학생들이 희생되었다는 소식을 듣고 두

말없이 하야(下野)하였다. 걸어서 청와대를 나가겠다는 것을 주변에서 말려 결국 자동차로 이화장에 돌아가 쉬고 있었던 때다. 나는 과도정부 허정 수반의 외교 담당 비서관으로 일하면서 외국 인사들과 허 수반의 회담 장소에 들어가 통역도 하고 노트로 기록도 하고 있던 때이다.

하루는 허 수반이 매카나기 주한 미국 대사를 불러들였다. 내가 통역하러 수반실에 따라 들어갔더니 "박 군은 좀 나가 있어라"고 하였다. 처음으로 통역도 없이 무슨 비밀회담을 하시는가 하고 비서실에 앉아 혼자 상상만 하고 있었다. 그리고 며칠 후에는 매카나기 대사가 허 수반을 만나 뵙겠다고 해서 수반실로 오게 하였다. 나는 예에 따라 또 배석하러 들어갔더니 대사의 말이 "좀 비밀리에 하고 싶은 말이 있습니다"라고 하기에 다시 비서실로 나갔다.

그 후 며칠이 지난 때였다. 하루아침에 난데없는 호외가 돌았다. "이 박사 부처(夫妻) 미국으로 망명" 하고 커다랗게 인쇄된 호외였다. 나는 바로 허 수반실로 뛰어 들어갔다.

"이 박사님이 하와이 망명이라니, 어떻게 된 것입니까?"

나는 탓하듯이 물었다. 그랬더니 허 수반의 말이 "국회에서 이 박사를 재판에 회부해 사법처리해야 한다고 떠드는데, 그 노령의 대통령을 처벌한다는 것이 말이 되느냐!" 하는 대답이었다. 나는 미처 그것까지는 생각하지 못했었다. 허 수반과 매카나기 대사 사이의 비밀회담의 수수께끼가 풀리는 듯하였다. 필경 하와이 가서 잠깐만 쉬고 오시라고 하고 이 박사도 그것 별로 나쁘지 않겠다고 생각하고 떠난 것이라고 믿는 것이 그때나 지금이나 변함없는 나의 판단이다.

망명은 무슨 망명, 말도 안 되는 언론 용어, 또는 타의 반 자의 반의 망명 운운 역시 시류에 입맞춤한 듯 신문 용어에 불과하였다. 허 수반과 미국 대사의 비밀회담은 아직도 데모 만능이던 시대에 정치적 보복을 노리는 일부 정치인들의 눈을 피해 무사히 떠나 보내기 위한 불가피한 보안 조치였던 것이다. 이 박사는 일시적인 정치적 피난처를 위해 하와이로 보내졌지, 스스로 망명(exile)한 것은 아니었다.

그 후 달이 가고 해가 지나서 5·16 군사혁명이 터졌고, 얼마 안 가 나는 외무부 미주과장으로 일하고 있었다. 하루는 하와이에 계시는 이승만 전 대통령이 군사혁명의 소식을 듣고 한국으로 돌아오겠다고 한다는 소식이 보도되었다. 그러자 박정희 국가재건최고회의 의장으로부터 외무부에 명령이 떨어졌다. 하와이 총영사에 지시하여 귀국을 중지시키라는 것이었다. 이 일은 미주 과장의 몫이었고 나는 이 박사의 귀국을 중지시켰다. 그리고는 얼마 안 되어 이번에는 이 박사가 짐을 싸고 공항으로 떠날 채비를 하고 있다는 보도가 날아왔다. 또 다시 박정희 의장으로부터 하와이 총영사로 하여금 귀국을 저지시키라는 것이었다.

그 후에 들은 이야기지만 짐을 다 싸고 공항으로 떠나려고 하던 이 박사는 귀국을 못 한다는 소식을 듣고 그만 그자리에 주저앉고 말았다는 것이었다. 그리고 그 후에는 다시 일어서지 못한 채로 하와이에서 누워 계시다가 운명하게 되었던 것이다.

고대 그리스 말에 "진짜 위대한 자의 운명은 비극"이라는 말이 기억난다. 부하 정치인들의 부정 때문에 물러나 객지에서 타계한 이승만 대통령의 운명이나 심복에 암살당한 박정희 대통령의 운명은 남북전쟁에서 승리하자마자 암살당한 링컨 대통령처럼 너무나도 비극적이다. 그렇기 때문에 더욱 위대하고 아름다운지 모른다.

이승만 박사의 귀국을 불허한 박정희 대통령을 비난하고 원망해서도 안 될 것이다. 군사혁명으로 아직도 정국은 불안하였던 때다. 이 박사의 귀국이 데모대들과 구

정치인들에게 왜 사법처리하지 않느냐고 떠들어 댈 구실을 줄 것을 우려했을 것이다. 또 구 자유당 정치인들이 다 늙은 이 박사를 업고 정치적 회기의 환상에 빠져 꿈틀거리지 않을 것이라는 보장도 없던 때이다. 미국도 '합헌 정부'를 뒤집어엎은 군사혁명 정부에 대해 여전히 못마땅하게 생각하고 있던 무렵이다.

우리는 이 박사를 처단하겠다던 민주당 정부가 쓰러지니 바로 귀국하겠다고 나선 이승만 박사의 심경도 이해해야 하고, 동시에 이 박사의 귀국을 저지시킨 박정희 최고회의 의장의 입장도 이해해야 한다고 믿는다. 이것이 한국이 낳은 이 위대한 두 대통령을 그들에 상응하는 역사적 위치에 다시 세우는 길이라고 믿는다. 그래야만 한국의 통일도 앞당겨질 것이다.

2008년 평양에 간 뉴욕 필하모닉이 끝에 가서 '아리랑'을 연주했을 때다. 충성심이 틀림없는 김정일 심복들도 울었고 나도 울었다.

··· 나를 버리고 가시는 님은
십 리도 못 가서 발병 난다. ···

나도 모르게 나온 눈물, 그러나 나는 내가 왜 울었는지

안다. 그런데 그들은 왜 울었을까? 혹시 그들을 버리고 가는 우리가, 대한민국이 원망스러워서는 아닌지, 그들 자신의 신세가 너무도 가여워서 나오는 눈물은 아닌지?

그들의 눈물을 하늘에서 내려다보고 있는 이승만과 박정희 대통령이 우리에게 무엇을 어떻게 하라고 타일러 주는 듯한 느낌을 받았다.

휴전선에는 지뢰밭과 철조망이 있지만 서해와 동해에는 파도만 출렁거릴 뿐이다. 탈북 동포들이여! 만주로 몽골로 태국으로 수만 리를 헤매지 말고 가까운 동·서해를 노 저어 대한의 품 안으로 오려무나! 이제는 돌려보내지 않을 테니. 밤하늘 별나라에서 두 대통령이 내려다보고 있으려니.

타산지석 '아랍의 봄'

중동 도처에서 군중 봉기가 일어나고 있다. 이는 아랍 독재자들만 놀라게 하는 것이 아니다. 30년간 집권한 독재자를 축출한 이집트의 평화적 민주혁명은 70년 가까이 세계에서 가장 사악한 독재 권력을 세습해 온 김일성 일가에게 전례 없는 공포를 안겨 주고 있음은 불을 보는 것보다도 확실하다.

그런데도 우리 언론이나 식자들은 김정일이 받는 충격에 대해 벙어리처럼 말이 없었다. 이해가 안 간다.

이집트의 혁명은 공산주의자들이나 좌익들에 의한 '민중봉기'가 아니다. 페이스북 같은 최신 전자 통신수단에 의한 개인들 간의 의사소통이 낳은 아래로부터의 자발적인, 국민 특히 젊은이들의 자유 쟁취 운동이다. 그들을 분발시킨 것은 '자유, 존엄, 정의'의 세 가치였다고 한다.

나는 이집트의 광경을 TV로 보면서 북녘 동포들의 신세를 생각하지 않을 수가 없었다. 그들은 동물이 아니다. 인간이기 때문에 아무리 세뇌를 당하더라도 자유와 존엄성과 정의에 대한 염원은 지워지지 않을 것이 확실하다. 다만 그들에게는 페이스북이나 트위터 같은 상호 의사소통 전자수단이 없을 뿐이다. 그리고 더 사악한 명령을 따르는 붉은 군대가 있을 뿐이다.

그러나 우리에게는 바람을 타고 하늘을 날아갈 수 있는 기구와 풍선과 전단이 있다. 전파를 타는 각종 라디오가 있다. 시간이 좀 걸릴 뿐이지 그 효과는 마찬가지라고 믿는다. 과거처럼 주민의 봉기를 총알과 피로써 진압할 수 있는 시대는 지나간 것이 아닌가! 각종 전자정보 시대의 무서운 의사소통이 역으로 김씨 일가를 축출하고 말 것이다.

남은 날이 얼마 안 되는 북한 체제의 몰락을 과거처럼 중국이 막을 수는 없다. 아무리 인구가 많고 돈이 많다하더라도 인간의 본성 속에 박혀 있는 자유에 대한 염원을 지울 힘은 없다. 인류 역사의 전진곡을 가로막을 힘은 없다. 국제화된 세계와 전자정보 시대가 어떠한 전근대적 힘도 제압하고 말 것이다.

중국이 그의 국제적 위상과 경제 발전을 희생시켜 가면서 무력으로 북한 주민의 염원을 꺾지는 못할 것이다. 중국이 그의 국제적 위상과 경제 발전이 희생되어도 좋다고 생각할까? 또 다시 압록강을 건너 무력으로 북한 주민의 항구적 염원을 꺾으려고 할까?

급기야 남북한 간의 자유·평화 통일은 오고야 말 것이다. 남북이 서로 핵을 갖는 핵 균형의 한반도는 비로소 무력 이외의 힘으로, 즉 체제의 매력과 경제력으로 통일의 향방이 결정되게 될 것이다. 자유 통일이 되는 즉시 남아공처럼 한국도 핵무기를 해체할 수 있을 것이다.

이 날을 앞당기기 위해 우리에게 할일이 있는 것이 사실이다. 자유라는 이름의 멋진 청년에 북녘의 시골 산골에 사는 가난에 허덕이는 처녀 순덕이가 반해 결혼하려고 한다. 그런데 그 청년은 북한이 자랑하는 핵무기가 없어서 힘이 약해 보이고 그의 팔다리에서는 냄새가 난다. 부패라는 냄새가. 순덕이를 계속 반하게 하려면 힘과 돈뿐만이 아니라 자유라는 미남의 몸에 힘이 있고 냄새가 나지 않아야 한다. 진짜 매력 있는 청년이 되어야 한다.

원래 '백의민족'인 우리 국민은 지금도 깨끗하고 순수하다. 다만 정치와 교육과 사법 즉 정치권력이 썩어 버린 것이다. 정치 하는 오른팔에서는 땀 냄새가 나고, 법과 정의를 챙기는 왼팔에서는 오물 냄새가 코를 찌르고, 교육 하는 오른발에서는 구린내가 나고, 경제 하는 왼쪽 다리는 정치권력이 무서워서 비자금을 만들다가 지쳐 비틀거리고 있다. 이런 청년에게 순덕이가 결혼하겠는가? 몸을 바쳐 하나가 되려고 하겠는가?

우선 법과 정의를 심판하는 왼팔과 교육을 맡은 오른발은 나라가 주는 봉급 외에는 어떠한 돈도 손에 대지 말아야 한다. 추석과 설을 미끼로 건네는 '상품권'도 돈이다. 모든 종류의 돈에 대해 장님이 되어야 한다. 그들이 손을 대는 순간 그러한 돈은 구역질나는 구린내를 발산한다. 자살로 이끄는 독이 되고 구치소와 감옥으로 이어지는 괴물이 된다.

정치를 하는 오른팔로 정치자금이라는 돈을 만지지 않을 수 없는 것은 사실이다. 그러나 그 돈은 유리상자 안에 넣은 돈같이 투명한 돈이라야 한다. 모든 부패의 근원은 검은 돈, 숨은 돈, 어두운 돈의 어두운 거래에서 온다. 대통령을 포함한 모든 정치인의 돈 거래는 투명한 유리상자 속에 넣어 그 돈이 어디서 왔고 어디로 가는지 국민과 언론이 누구나 다 볼 수 있어야 한다. 독일에 본부를 둔 국제투명성협회(Transparency International)의 기준을 따라야 한다.

모든 부패의 주범은 권력이다. 부패한 권력이 부패를 유도하고 강요한다. 경제인의 사기나 횡령이나 거짓 행위는 권력의 부패와는 다르다. 인간 본성의 불완전에서 오는 범죄이다. 정치권력만 깨끗해지면 순덕이도 깨끗한 자유의 청년 품 안에 기꺼이 안길 것이라고 확신한다.

대통령은 또 청렴결백할 뿐만 아니라 국민의 신뢰가 깊고 강해야 한다. 순덕이의 신뢰는 하루아침에 얻어질 수 없다. 오랜 세월 동안 여러 시험 단계를 거쳐서 쌓아 올린 성벽과 같은 것이 신뢰이다. 그 성벽 안에는 일관성 있고 성실하고 진실한 성품이 담겨 있다. 그리고 강인하고 굳건하고 용감한 자질이 화강암 돌덩어리처럼 깔려 있다. 누구나 수긍할 수 있는, 이유 없이는 함부로 말을 바꾸지 않는 정직하고 성실한 대통령이어야 한다. 순덕이나 우리 국민은 그를 신뢰하고 그의 말을 믿고 따르게 될 것이다.

서양에는 '기사도'의 전통이 있고 일본에도 사무라이 즉 '부시도(武士道)' 전통이 있다. 그리고 우리나라에는 유교문화에서 배운 '선비정신'이 있으나, 잃어 가고 있는 실정이다. 이승만 대통령이 마지막이 아닌가 싶다. 그러다 보니 우리나라 남성들에게는 결국 '건달성(性)'만 남게 된 것 아닌가? 한국 남성이 현대 우리 국군의 '군인정신'(헌신적 애국 정신, 서양의 기사도 정신)을 터득하지 못하면 남는 것은 '건달성'뿐이다. 북녘의 순덕이가 반하게 될 이유가 없다.

제5부

—

외교·안보

한국의 지정학은 우리 국민에게 소리 높이 외친다.
자유민주주의 국가로서 한국의 장래는 외교와 안보가
좌우할 것이라고. 이 같은 우리의 외교·안보 환경은
백 년 전이나 지금이나 별로 크게 달라지지 않았다고 본다.
앞으로도 한국의 운명을 결정하는 것은
한국의 국내정치가 아니고 한국의 외교·안보일 것이다.

동북아 평화와 안전의 초석인 한미동맹은 계속 강화되고
심화되어야 하고 또 그렇게 될 수 있다.
어떠한 경우에도 흥정의 대상이 돼서는 안 될 것이다.
흥정의 대상이 되는 순간부터 한국의 안보와 통일은 끝 모르는
혼란에 빠져 급기야 통일의 포기로 이어질 수 있기 때문이다.

한국 주도의 자유민주 통일은 반드시 올 것이다.
그것은 세계사의 행진곡이고 우리 국민의 염원이고
북한 동포의 꿈이기 때문이다.
김씨 일가가 그 신화와 함께 망하고 누가 집권하게 되더라도
통일의 주역은 북한 동포일 것이다.
북한 동포가 우리와 손잡을 때
통일은 간단하게 날아 들어올 것이다.

한국의 주변 정세

한국의 지정학은 우리 국민에게 소리 높이 외친다. 자유민주주의 국가로서 한국의 장래는 외교와 안보가 좌우할 것이라고. 이 같은 우리의 외교·안보 환경은 백 년 전이나 지금이나 별로 크게 달라지지 않았다고 본다. 앞으로도 한국의 운명을 결정하는 것은 한국의 국내정치가 아니고 한국의 외교·안보일 것이다. 한국의 외교·안보는 현재 가장 어려운 상황에 처해 있는데도 매우 유치하고 뒤떨어져 있다는 인상이다.

한국의 외교·안보는 천 년 이상 중국에 대한 사대 외교에 의존해 왔다. 즉 독자적 외교를 1948년까지 해 보지 못한 나라다. 중국 청나라의 국운이 기울어지고 있던 1800년대 말엽에 중국의 주일 공사 황준헌(黃遵憲)이 『조선책략(朝鮮策略)』을 써서 우리 조정에 보냈을 때 그 파문이 얼마나 컸던가를 보아도 한국은 외교·국방이 무엇인지도 모르는 나라였던 것을 짐작할 수 있다.

한국은 1945년에 와서야 처음으로 세계를 발견하고 3년 뒤부터 외교·안보를 배우기 시작한 나라다. 그때 이승만이라는 대(大) 선각자가 건국 대통령이 아니었다면 대한민국은 햇빛도 못 보고 지도에서 사라졌을 것이다. 그로부터 반세기가 지났는데도 한국의 외교·안보는 여전히 어리석고 유치하다. 정권이 바뀔 때마다 새 대통령은 '대(對) 4강 외교'에 첫발을 내디딘다. 대 4강 외교는 현대식 사대 외교의 별명에 불과하다. 경제와 정치와 문화의 세계화에 아직도 눈을 덜 뜨고 있는 증거다.

첫째, 한국은 아직도 자유와 인권과 민주주의에서 외교·안보가 차지하는 가치와 비중을 실감하지 못하고 있다.

둘째는 지식과 정보화 시대, 그에 따른 세계화 시대가 한국 외교·안보에 주는 힘과 가치를 실감하지 못하고 있는 것 같다.

마지막으로 중국의 경제적 재부상에 대해 한국은 이

렇다 할 전략적 대책이나 외교적 원칙을 찾지 못하고 있다. 이 점에서는 오히려 동남아 국가보다 뒤떨어져 있는 인상이다.

1967년에 창설된 오늘날의 ASEAN은 그 한 해 전인 1966년 중국의 마오쩌둥(毛澤東)이 문화혁명을 일으키는 것을 보고 동남아 국가들이 뭉친 대 중국 대응 전략의 산물이라는 것도 이해 못 하고 있는 듯하다. 그때 한국은 그들보다 한발 앞서서 동남아 및 남태평양 지역 국가들을 서울에 모아 ASPAC라고 이름 붙인 국제협력체를 창설한 바 있다. 그러나 그 후 외무부는 ASPAC의 첫 목적이 외부의 '위협'에 대처(즉 공산 중국의 위협에 대처)하기 위한 데 있다고 한 것을 부담스럽게 느껴 서서히 사라지게 내버려 두었다. 결국 ASPAC의 공백은 바로 뒤를 이어 더 세련된 모임으로 출발한 ASEAN이 메우게 된다.

급변하는 외교·안보 환경

그동안 정보화와 경제의 세계화를 통해 국가의 국경선은 희미해지고 있는 것이 사실이다. 또 테러와의 전쟁은 국가 간의 전쟁이라기보다 국가와 개인 간의 전쟁이라고 할 수 있다.

반면에 첨단 무기의 발달은 국가의 대외적 힘, 특히 무력을 백 배, 천 배로 강화시키고 있다. 국경선은 약해졌지만 국가의 상대적 힘은 어마어마하게 강해진 것이다. 이에 비해 국가에 대한 견제 장치는 오히려 약화되고 있는 인상이다. 유엔은 그 힘이나 위상이 상대적으로 저하되고 있는 인상이다. 세계무역기구(WTO)나 국제통화기

금(IMF) 같은 국제 경제기구의 힘과 위상도 제자리걸음을 하고 있는 인상이다. 국제경제는 국제정치를 여러모로 견제하기 시작하면서도 여전히 정치의 그늘 밑에서 벗어나지 못하고 있다.

국제사회의 질서는 여전히 국가를 기초로 하여 유지되고 있다. 개인의 자유와 안전과 시민사회는 지식화, 정보화, 테러 시대, 세계화 시대에도 불구하고 국가라는 발받침을 필요로 하고 있다. 국가체제가 없는 세계사회는 혼란과 무질서의 도가니로 변할 것이 틀림없다.

세계사는 또 그때그때 역사의 주역 노릇을 하는 소위 '패권국'을 출현시켜 왔다. 즉 팍스 로마나(Pax Romana), 팍스 브리타니카(Pax Britannica), 팍스 아메리카나(Pax Americana) 등에서 보이듯 고대 로마, 영국, 그리고 미국 등이 그때그때 세계의 질서와 평화를 유지해 왔다. 그 덕택으로 지구촌은 완전한 혼란과 무질서의 진흙바닥이 되거나 달빛 아래 잠든 고요한 황야가 되는 운명을 면해 왔다.

오늘에도 만약 미국이란 나라가 없었다면 세계는 테러, 핵무기, 생물·화학무기 등이 난무하는 아수라장이 되고 있지 않을까? 약육강식의 정글이 되고 있지 않을까? 이런 상상을 하기는 어렵지 않다.

한국 자체의 국제적 위상은 크게 높아졌지만 반면에

한국 주변과 국제사회 전반의 변화는 한국의 새 위상에 강력한 도전장을 던지고 있다.

　그렇다면 한국이 직면하고 있는 외교·안보적 도전과 과제는 무엇인가? 그리고 그에 대한 대응과 대책은 무엇이라야 하는가? 다음 순서에 따라 논해 보고자 한다.

'변두리 반도국'의 실존적 도전

천하의 '중심'이라고 자처하는 중국과 러시아의 시각으로 유라시아 대륙을 보면 한국은 '변두리 반도국가'다. 따라서 조공이나 바치는 종속국이 되어야 하는 나라이고 남북으로 분단될 경향을 안고 있는 나라다. 따라서 2차 대전 후 한국의 지정학은 또 다시 한국을 남과 북으로 분단시켰다. 이 배경에는 북으로부터는 여진(만주), 중국, 몽골의 침략에, 남으로부터는 일본의 침략에 시달려 온 과거의 역사가 있다. 만약에 세종대왕이 한글을 제정하지 않았다면 한국은 벌써 몽골과 만주족의 신세를 면하지 못했을지도 모른다.

현대판 남북 분단인 38선은 다 알듯이 1945년 당시 대륙세력의 대표 국가였던 소련의 급속한 남하를 저지하기 위해 해양세력의 대표 격인 미국이 소련과 합의한 세력 분할에서 온 것이다. 또 다시 남쪽과 북쪽 세력 간의 갈등이 한반도 상에서 재현되고 있다. 그 결과 한국은 지난 60년간 존재하느냐 못하느냐 하는 '실존적 위협(existential threat)'에 직면해 왔다. 이 위협의 본질은 '내가 살려면 네가 죽어야 하고, 네가 살려면 내가 죽어야 한다'는 명제로 요약된다.

이 실존적 위협의 원천은 대륙세력의 선봉대 역을 맡은 북한이 대표한다. 67년 전의 남북 분단과 동시에 출현한 남북의 양립할 수 없는 체제가 근본적으로 공존을 불가능하게 만들기 때문에 생긴 위협이다.

그 실존적 위협의 뒤에는 "유라시아 대륙을 지배하는 나라가 세계를 지배한다"라는 지정학자들의 주장을 믿고 있는 중국과 러시아가 도사리고 있다. 일부 지정학자들이 유라시아 대륙을 지배하는 자가 세계를 지배할 것이라고 할 만큼 유라시아 대륙의 지정학적 가치는 큰 것이 사실이다. 또 중국과 러시아는 궁극적으로 이 대륙 심장부에 의한 세계지배론을 믿어 왔고 또 믿고 있다. 최근에 폴 케네디(Paul Kennedy)도 눈부신 한국의 부상 뒤에는 이 지정학적 그림자가 어둡게 도사리고 있다고 했다.

우리 국민과 지도층은 이 실존주의적 위협을 본능적으로 직감하면서도 명확히 의식화하지 않은 채 그날 그날을 살아가고 있다. 이따금 북한의 도발이 있으면 공포와 불안에 떨면서도.

한국의 외교·안보는 이 사실을 도외시하고는 더 논할 필요도 없다. 남북 관계는 지정학에 기초한 실존적 관계(existential relations)이다. 김대중도 노무현도 이 정도는 알고 있었어야 대한민국 대통령이라고 할 수 있지 않았겠는가? 실존적 관계에는 공존 관계(co—existential relations)가 존재할 수 있는 틈이 없다.

한국전 이후 남북 간의 실존적 관계가 남한에서 최대의 시련에 직면한 때가 있었다. 1979년 10월 박정희 대통령 암살 사건이 촉발한 혼란과 무질서가 그것이었다. 북한의 김일성과 김정일은 대한민국의 자유민주 시장경제 체제를 전복할 수 있는 최고의 기회가 왔다고 믿고 그들이 가진 모든 역량을 총동원했었다. 남파 간첩, 고정 간첩, 그리고 국내 좌익분자 등 그들이 동원할 수 있는 모든 자원을 다 동원하여 한국을 그들의 품에 쓸어넣으려 했다. 혼란 수습의 주역으로 지목된 전두환 대통령을 살해하기 위해 그들은 버마의 아웅산 폭파 사건까지 시도한 것은 다 알려진 사실이다.

　이제 와서는 역사가 뒤집혀 북한 체제가 위기를 맞고 있는 것이다.

역사가 지정학을 이기리라

남북 간의 관계가 실존적인 관계로 정착된 이유는 간단
하다. 한반도 지정학이 남북 분단의 경향을 조장한다. 한
반도는 남방 해양세력과 북방 대륙세력 간의 지정학적
경쟁 대상이 되어 왔다. 그 이후 한반도는 냉전기에는 소
련이, 지금은 중국이 선두에 선 유라시아 대륙세력이 미
국이 선두에 선 남방 해양세력과 경쟁하는 지정학적 씨
름판이 되었다.

  지정학은 그 규모가 클수록 거기서 발산되는 흡인력도
강하다. 유라시아 대륙의 지정학은 북한과 한국을 실존
적 관계로 끌어넣는 모태다. 또 남북 간에 자리 잡은 양

립할 수 없는 이념과 체제는 실존적 관계의 현실적 기반이다. 자유민주주의의 이념인 개인의 자유와 권리는 계급과 민족을 최고 가치로 내세우는 공산주의적 이데올로기와 양립할 수 없다.

또 권력의 독점과 독재 위에 유지되는 북한 정치 체제와 구조는 권력의 분할, 분산, 그리고 견제 장치를 생명으로 하는 자유민주 체제와 양립할 수 없다. 이쪽이 아니면 저쪽일 수밖에 없다. 권력의 극대화를 위해 핵을 개발하고 있고 권력의 세습을 통해 권력을 영속시키고 있는 북한의 행태는 독재 권력 체제의 본질에서 나온다. 절대 권력은 절대 권력으로써만 유지된다. 3세, 4세, 5세… 영원히 절대 권력을 유지하지 않으면 쓰러지게 되어 있다. 배고픈 사자는 노루를 보면 덮치지 않을 수 없다.

그러나 지정학적 힘은 역사적 힘을 이기지 못한다. 지정학적 힘의 기반은 자연이지만 역사적 힘의 기반은 인간이기 때문이다. 더 자유롭고 강해지는 개인의 위상을 향해 흘러온 세계 역사의 물결은 희대의 폭군도 독재자도, 그들의 후계자도 그들의 체제와 함께 싹 쓸어 가고 있고 또 쓸어 가고 말 것이다. 김정은의 체제는 세계사 앞에 그들의 핵무기와 함께 쓰러지도록 운명지어져 있다. 동독과 동유럽의 운명을 보라!

그렇다면 북한은 왜 아직도 쓰러지지 않고 있는가? 이러한 반역사적이고 시대착오적인 억압 체제를 감싸 주고 떠받쳐 주는 강대국 중국이 있고 또 그 전에는 소련이 있었기 때문이다. 특히 중국이 없었더라면 북한은 20년 전에 이미 지도에서 사라졌을 것이다.

우리와 비슷한 실존적 관계에 있던 동·서독이 소련의 붕괴와 지원 거부 때문에 하루아침에 서독과 EU의 품속으로 쓰러져 안기게 된 역사적 드라마는 동아시아에서는 중국 때문에 재연되지 못하고 있다. 유엔의 제재에도 불구하고 중국은 북한에게 필요한 식량과 에너지를 공급하고 있다. 또 러시아와 함께 북한의 핵 제거를 이 구실 저 구실로 어렵게 만들어 왔다. 미국 과학자에게 우라늄 농축을 위한 첨단 설비도 자랑스럽게 공개하면서. 플루토늄 추출, 우라늄 농축, 우라늄 핵무기 개발, 그리고 궁극적으로 수소탄 제작—이 길은 핵무기를 추구하는 체제의 운명적인 고속도로다.

그렇다면 한국의 대응 전략은 있는가? 있다면 어떤 것인가?

북한의 개혁 개방 가능성

자유민주주의 간에는 전쟁이 없다는 검증된 역사적 사실이 있다. 전쟁은 독재국가 간에 아니면 독재와 민주주의 국가 간에 일어났다. 북한이 자유민주화, 또는 적어도 자유선거와 비밀투표에 의한 최소한의 선거 민주주의가 된다면 '나 죽고 너 사느냐, 너 죽고 나 사느냐' 하는 실존적 관계는 당장 희석되면서 사라질 수도 있을 것이다. 핵무기를 향해 달리는 궤도도 끊을 수 있을 것이다. 또 중국처럼 경제적 개혁 개방을 통한 시장경제만 도입해도 전쟁의 위협은 현저히 감소할 것이다. 실존적 관계가 공존적 관계로(from existential to co—existential relations) 변할 수도 있을 것이다.

그런데 김대중, 노무현의 '햇볕정책'이 북한의 개방과 민주화를 위해 제대로 노력해 본 흔적은 없다. 예를 들면 퍼주기의 대가로 남북 간 주민들의(또는 우선 이산가족 간에라도) 서신 왕래 허용, 전화 통화 허용, 이산가족의 남북 거주지 상호 방문 등, 뜻만 있으면 남북이 합의할 수 있는 조치들이 무한히 많지 않은가. 그런 노력 없는 일방적인 '퍼주기 식 햇볕'은 남북한 국민을 속인 것이 아닌가? 더 큰 자유를 향한 북한 주민의 기대를 눈뜨게 하는 그 아무것도 시도하지 않았다. 설상 북한 측이 그런 제의를 거절했다 하더라도 북한 주민에게는 꿈이라도 품게 해 줄 수 있었지 않은가?

김정일에게는 "남한의 지지를 받기 위해 이솝 우화에서 명칭만 딴 것뿐이니 이해해 달라. 당신들에게는 외투 벗기려는 아무 의도도 없고 노력도 안 할 테니 걱정 말라"라는 식으로 무마했을지도 모른다. 그렇다면 외투를 벗기겠다는 햇볕정책은 북한 주민만 속인 것이 된다.

어떤 이는 민주화가 되면 자기들의 체제가 무너지고 망할 것이니 그것을 알면서 우리의 시도나 제안을 받아들일 리가 없지 않은가 하고 반문할지도 모른다. 그러나 적어도 이제는 김정일의 후계자 김정은에게는 시도해 볼 만하지 않을까? "이 체제를 안고 그대로 가면 쓰러지게 되어 있는 판국에 민주화를 조심스럽게 해 나가다 보면 혹시 남북이 공생, 공존하는 길이 열리지 않겠는가" 하고 기대해 보는 독재자도 나올 수 있지 않을까? 이제는 이런저런 노력을 시도해 볼 만한 시점에 온 것 같다.

만약 위로부터의 민주화를 기대하기 어렵다면 아래로부터의 민주화를 부추겨 볼 만하다. 탈북 동포들에 의한 전단 보내기는 그러한 노력 중의 하나다. 극동방송을 위시하여 여러 기독교 방송과 라디오방송 등, 북한 주민들이 자유와 민주주의에 대해 눈을 뜨게 하는 수단과 방법은 얼마든지 있다.

IT 시대와 세계화 시대에 걸맞은 북한 민주화의 노력도 대폭 강화되어야 한다고 믿는다. 또 북한 민주화의 노력은 위아래로 동시에 시도해 볼 수도 있다. 민주화나 개혁 개방은 남북 간에 생사를 건 실존적 전쟁을 예방하는 가장 확실한 길이라고 믿는다. 민주화가 오면 전쟁은 간다!

소련이 냉전에서 미국에 패하고 해체되면서 동독도 갈 데가 없어 서독에 흡수되고 만 것이 엊그제처럼 느껴진다. 그러나 북한만은 여전히 버티고 살아남아 한국을 실존적으로 위협하고 있다. 북한으로서는 한국의 모든 화해와 공존을 위한 노력도 중국의 지지와 지원을 기대하고 있기 때문에 별 매력이 없을 것이다. 이용만 하고 열매만 따먹고 그들 자신의 변화를 위한 뼈아픈 노력은 중국이 있으므로 별 필요를 느끼지 않을 것이다.

중국은 다 아는 바와 같이 지난 30여 년간 대대적인 경제발전을 해오고 있다. 세계사에서 한국의 기적에는 못 미치지만 그 규모는 비교를 불허한다. 그동안 '잠자던 거인'이 일어서기 시작하니 한국은 말할 것도 없고 전세계가 놀라움과 두려움의 눈길로 그 모습을 바라보고 있다. 중국이 과연 언제쯤 미국을 따라잡고 추월할 것인가? 미국을 제치고 세계적 패권국이 되어 세계사의 중심 무대를 점거하게 될 것인가? 이런 질문을 가슴에 품고, 되풀이하며.

북한을 떠받들어 온 3대 요소가 있다. 김일성 일가의 신화, 핵무기, 그리고 중국에 의한 북한 체제 보전책이 그것이다. 그러나 북한이 자유와 개방으로 변하지 않는 한 이들 세 가지 떠받침도 인류 역사의 힘을 이기지 못할 것이다. 북한의 김씨 일가와 그 체제는 머지않아 망하게 돼 있다.

중국은
새로운 패권국이 될 것인가

패권(hegemony) 또는 패권자(hegemon)라는 말은 원래 그리스에서 지도자를 뜻하는 말이었는데 현재는 세계 패권국이라고 하면 일반적으로 세계에서 힘이 제일 강한 나라, 세계를 힘으로 지배하는 나라를 뜻하게 되었다. 주로 중국을 위시한 아시아와 유럽에서 많이 유행되어 온 용어이며, 공산주의 이데올로기에서는 '계급 패권'이라고 하여 노동계급과 유산계급 간의 패권 경쟁을 주장하여 왔다.

그러나 일부 좌경 학자를 제외하고는 21세기의 제일 강한 나라 미국에서는 '패권국'이라는 말을 싫어하는 경향이 있다. 학자 간에도 이 말을 잘 사용하지 않는다. '힘에 의한 지배'라는 뜻의 패권의 개념은 미국의 체질이나 철학적 국제질서관에 잘 어울리지 않기 때문이다. 하버드 대학의 조지프 나이(Joseph Nye Jr) 교수도 미국을 '패권국'으로 특징짓는 것을 반대했다.

1979년 하버드 대학교수 에즈라 보겔(Ezra Vogel) 교수는 『재팬 애즈 넘버원(Japan as Number One)』이라는 책을 펴내 파문을 일으킨 적이 있다. 2차 대전에서 미국에 패한 후 일본인들은 '따라잡자! 추월하자!'라는 국민적 구호와 목표 아래 피땀 흘리는 분발을 하였다. 그 결과 한때 일본 경제는 미국을 앞지르기까지 하였다. 일본이 미국을 제치고 새로운 패권국이 된다! 이런 시각과 함께 미국 안팎에서는 '미국 쇠퇴론'이 퍼져 나갔다. 이제 와서 생각하면 쓴웃음이 나올 뿐이다.

중국의 부상은 물론 일본의 부상과는 다르다. 그러나 비슷한 면도 없지 않다. 일본이 2차 대전에 패배한 후 이룩한 눈부신 '한풀이 발전'. 중국도 특히 아편전쟁에서 영국에 패한 것을 시작으로 서양 국가들이 상하이 같은 대도시를 '조계(租界)'라는 배타적 점유지로 분할 점거한 것 등을 비롯하여 지난 150년간의 중국의 역사는 외국 제국주의에 의한 수모와 분노의 역사였다. 중국 공산당의 집권은 그렇게 쌓인 '한(恨)'을 풀어 주는 계기가 된 것이다. 일본과 비슷하게 중국도 '한'이 분발의 밑거름이 되었다고 볼 수 있다.

이제 경제 규모가 일본을 따라잡고 있는 중국이 앞으로 20~30년 내에 미국을 따라잡고 능가할 수 있을까? 국민총생산이 미국을 능가한다면 그 덩치경제의 크기로써 미국을 제치고 세계의 '패권국'이 될 수 있을까?

패권은 말 그대로 '힘'이 결정한다. 힘의 크기와 질이 결정한다. 세계 패권을 향한 중국의 장래는 이 힘의 논리와 방정식이 결정할 것이다. 이것은 긴 설명을 요하지 않는 역사적 사실이다. 따라서 거시적 차원에서 중국과 미국의 힘의 현재와 미래를 비교 분석하면 중국의 패권 가능성에 대한 앞날을 점칠 수 있다.

미·중 파워의 오늘과 내일

널리 알려진 바와 같이 나이 교수는 힘을 경성적(硬性的) 힘과 연성적(軟性的) 힘의 두 종류로 분류한다.

경성적 힘은 상대방을 강압적으로 움직이는 강제적 힘이며 군사력은 그 좋은 표본이다. 경제력인 무역은 연성적 힘이지만 경제력을 동원한 '경제 제재'는 경성적 힘이다.

이와 대조적으로 연성적 힘은 강압이나 강제에 의하지 않고서도 상대방을 움직이게 할 수 있는 연한 힘을 말한다. 예를 들면 어떤 상품의 매력, 어떤 인품의 매력, 문화의 매력, 체제의 매력 등은 강제력을 동원하지 않고도 사람을 원하는 방향으로 움직이게 할 수 있다. 영토의 크기와 인구의 크기는 그 나라의 힘의 토대가 되는 요소이지만 근본적으로 일종의 연성적 힘이라고 볼 수 있다.

최근에 와서 경성적 힘과 연성적 힘을 결합한 것을 '스마트한 힘(smart power)'이라고 부르고 그 예로 미국의 클린턴(Hilary Clinton) 전 국무장관은 외교·안보적 힘을 제시하기도 하였다. 전쟁은 경성적 힘의 몫이고 북한 핵 문제 같은 것은 스마트한 힘이 다룰 수 있는 대상이라는 뜻이다.

2013년 현재 중국의 GDP는 약 8조 9천억 달러이고 미국의 GDP는 16조 7천억 달러이다. 미국이 중국의 약 2배라는 뜻이다. 또 중국 GDP는 세계 GDP의 약 12퍼센트이고 미국은 약 23퍼센트이다. 어느 모로 보나 미국의 경제 규모는 중국의 2배라고 보면 된다. 또 중국의 경제 발전 속도는 연평균 8퍼센트, 미국은 3퍼센트로 가정하면 중국이 미국을 따라잡으려면 산술적으로 계산하여 연간 8센세트 이상의 성장을 최소한 14년 지속해야 한다는 뜻이다. 물론 미국 경제가 성장을 멈추든지 마이너스 성장을 계속하고 중국 경제가 10퍼센트 선에서 성장을 계속할 때는 중국 경제가 단시일 안에 미국을 추월할 수 있겠지만, 그 가능성은 크지 않다 하겠다. 그런데도 작금의 화두로 중국 경제가 조만간 미국을 능가할 것이라는 전망과 추측이 여기저기서 튀어나오고 있다.

한때 중국은 몇 세기에 걸쳐 세계에서 제일 큰 경제였다. 19세기에 와서야 서유럽이 중국을 따라잡았고 그 후 얼마 안 가서 미국이 세계 경제의 지도자가 되었다. 그런데·이제, 중국은 지구상에서 제일 큰 경제라는 그의 직함을 되찾아 갈 채비가 되어 있는 것같이 보인다.

중국 경제는 당나라, 명나라, 청나라 때뿐만이 아니라 그 이전에도 세계에서 서유럽을 앞서고 있던 것으로 알려져 있다. 원래 중국인은 상술에 뛰어난 민족에다 생활 수준이 높다 보니 인구 증가율도 세계 어느 지역보다 높았다. 중국의 인구는 청나라 때 이미 4억을 넘었다. 1인당 GDP가 세계의 평균 GDP 수준이라고 해도 가장 많은 인구 덕분에 중국 경제는 세계에서 제일 큰 경제가 되게끔 되어 있는 셈이다. 예를 들자면 2013년 중국의 1인당 GDP가 일본의 17퍼센트도 안 되지만 중국 전체의 GDP는 2010년도에 일본 전체의 GDP를 능가했다고들 말하고 있다.

한 나라의 덩치경제의 크기, 즉 GDP의 크기가 세계에서 제일 크다는 것은 그 나라의 힘의 중요한 지표의 하나가 되는 것은 사실이다. 그러나 역사는 덩치경제의 크기만으로 그 나라의 세계적 패권이 결정되는 것이 아니라는 것을 가르쳐 준다. 특히 세계에서 제일 큰 덩치경제를 누리던 중국의 당나라, 명나라, 청나라 시대의 패권 장악 실패가 좋은 교훈이라 하겠다.

얼마 전에 구매력 비교(Purchasing Power Parity)에서 이제 중국이 미국을 앞질러 세계 제일가는 나라가 되었다고 떠들며 기뻐하는 기사를 보았다. 중국이 1등이고 미국은 2등국이 되었다고 기뻐하는 내용이다. 그러나 구매력 비교는 어렵고 복잡한 경제학이다. 설사 달러당 구매력에서 중국이 앞섰다고 해서, 또는 GDP가 미국보다 커졌다고 해서 중국이 미국을 대치하여 세계 최강국이 된다는 것은 세계 역사를 모르는 무지의 인간이라고 아니할 수 없다.

과학기술에 토대를 둔 경제 패권만이 세계 패권으로 이어진다는 것을 가르쳐 준 것은 서구의 산업혁명이라 할 수 있다. 산업혁명은 서구의 경제력과 군사력을 패권화시켜 중국을 아편전쟁에서 패배시켰다.

오늘날 미국 경제의 지도적 위치는 인구의 크기에서 온 것도 아니고 실물경제나 덩치경제의 크기에서 온 것만도 아니다. 근세기 서구의 산업혁명 때와 비슷하게 오늘날의 미국 경제의 토대는 제2의 산업혁명이라고 할 수 있는 새로운 과학기술 혁명에 토대를 두고 있다. 과학기술적 경제력은 더 우수한 과학기술적 경제에 의해서만 제압될 수 있다.

중국이 전자, 생물, 화학 등 첨단 분야에서 미국을 따라잡을 수 있을까? 언제쯤? 이렇게 물을 때 그 답은 현재로서는 나오지 않는다. 중국이 미국을 경제적으로 따라잡고 능가하려면 우선 과학기술 면에서, 이를테면 노벨 과학 분야 상에서 미국을 앞질러야 하지 않겠는가?

중국이 4조 달러 가까이 비축해 놓은 미국 돈으로 미국 땅과 건물과 과학기술과 과학기술 인력을 사들일 수도 있을 것이다. 그러나 빌리든가 산 기술은 한계가 있다. 나날이 새로워지는 과학기술은 남의 것을 자기 것으로 만들었을 때는 이미 낡은 것이 될 가능성이 크다. 중국 경제를 '과학기술 경제'로 전환한다는 것은 불가능에 가까운 과제이고 숙제라 할 것이다. 그것이 안 된다고 미국의 과학기술 경제를 중국의 덩치경제로 깨뭉개려고 한다면 무슨 효과가 있겠는가!

한·일, 한·중 관계의
오늘과 내일

과거와 싸우면 미래를 잃는다

과거 일로 싸우면 미래를 잃는다. 몇천 년 만에 처음으로 아름답고 깨끗하고 멋진 여성 대통령을 낳은 우리. 그냥 떠나보낼 것인가?

대한민국 앞에는 눈부신 새 세계가 기다리고 있다. 우여곡절을 겪으며 시간이 흘러도 세계사의 힘찬 물결은 대한민국과 일본을 같은 물결에 태울 것이고 태극기와 일장기는 함께 쓰다듬고 함께 펄렁거릴 것이다.

박근혜 정부의 외교·안보는 두 가지 점에서 아쉬움이

지속되고 있다. 통일대박론으로 통일에 대한 담론은 활성화시켰지만 신뢰 프로세스나 드레스덴 제안 등은 통일을 아득한 먼 앞날의 과제로 밀어내고 있다. 중요한 한·일 두 나라의 관계는 역사상 가장 나쁜 시간이 가장 길게 지속되고 있다. 북핵과 일본의 과거사 문제 특히 위안부 문제가 걸림돌이 되고 있는 것이다.

유엔 안보리가 불법화시켜 제재중인 북핵은 결코 합법화될 수 없는 불법 소유물이다. 북한 체제와 함께 해체되든지 때가오면 군사력에 의해 강제 제거되고 말 것이다.

세계사의 물결은 힘차다. 세계 제2차 대전 중 일본군의 가미카제 자살폭격 등으로 수많은 인명과 군함을 잃은 나라는 미국이다. 역사상 처음이고 마지막이길 바라는 핵폭탄으로 십여만 명의 인명을 잃은 나라는 일본이다. 이 두 나라는 그러나 단시일에 끈끈한 동맹국이 되었다. 유럽에서는 오랫동안 반복되는 전쟁과 보복으로 피바다가 된 서구 대륙을 EU라는 평화와 민주주의와 번영의 터전으로 전환시켜 놓았다. 모두 냉전의 종식과 세계화라는 역사의 흐름이 낳은 아름다운 결실이다.

이 가운데서 한국과 중국만이 일본이 저지른 과거에 매달려 있다. 일본과 입씨름을 해 오고 있다. 한국은 요즘 일본과 세력 경쟁하는 중국의 동맹국이 된 것 아닌지

착각을 일으킬 정도다.

한국 국민은 원래 과거에 매달려 사는 국민이 아니다. 오랜 사대주의의 슬픈 과거를 문제 삼지 않았다. 과거와 싸우고 역사를 탓하다가 미래를 잃는 국민이 아니다. 현재에 살며 미래를 내다보는 국민이다. 이승만은 물론, 박정희 대통령도 위안부 문제를 문제 삼지 않았다. 1960년대에 수억 달러의 작은 보상으로 국교를 수립한 것은 미래를 내다본 때문이었다. 처칠의 말처럼 "과거와 싸우면 미래를 잃는다"는 시각도 있었지만 과거에만 매달려 사는 국민은 절대 아니다.

일·청, 일·러 전쟁을 통해 청나라와 러시아의 한반도에 대한 지배욕을 물리친 일본은 한국을 식민지화하였고, 2차 대전 중에는 가난과 배고픔에 시달린 어린 한국 소녀들을 정신대라는 이름으로 일본군 위안부로 끌어갔다. 그러나 우리는 식민지화하는 과정과 위안부 모집 시에 강제가 있었다고 문제 삼지 않았다. 한·일 관계가 끈끈해지는 것을 걱정한 중국과 북한, 그리고 국내 좌익이 떠들고 나오기까지는 문제 되지 않았다.

식민 지배가 얼마나 억압적이었고 위안부 소녀들이 정신적·육체적으로 얼마나 강탈당했는지 차마 글로 쓰기가 창피할 정도인 것은 두말 할 필요가 없다. 그것은 사람이 사람에 대해 지은 용서할 수 없는 최악의 숨은 죗덩 어리임에는 틀림이 없다. 그렇다 하더라도, 또 그럴수록 나는 더 이상 문제 삼지 않았으면 하는 생각이다.

물론 중국에 대한 오랜 치욕적 종속주의, 일본의 억압 적 식민주의와 치욕적 위안부 제도 모두 우리 감정으로 는 용서해 주기 어려운 역사적 죄악들이다. 특히 위안부 문제는 신라 이후 처음 나온 여성 통치자 박근혜 대통령 으로서는 정서적으로 용서하기 어려운 문제다. 그렇지 만 용서해 줄 수 없는 것을 용서해 주는 것은 강하고 용 기 있고 정과 멋있는 지도자만이 할 수 있는 빛나는 자선 이고 덕행이다. 한국인의 본성에서 나오는 사랑이다. 한 국 국민의 정이고 멋이다. 한국 국민의 정과 멋에서 나오 는 한가위의 보름달이다. 몇 명 안 남은 위안부들에게 정 부가 보상하고 용서를 통해 이 문제를 영원히 해결한다 면 세계와 국민은 박근혜 여성 대통령에게 눈물로써 박 수갈채를 보낼 것으로 믿는다. 그리고 뒤에 오는 대통령 들이 또 다시 과거 문제로 점수를 따려는 생각도 못 하게 만들어야 할 것이다. 후세를 위하여.

일본 아베 총리는 어떻게 나올까? 모리 전 총리를 통 해 2014년 전달해 온 아베 총리의 친서에는 별로 새로운 내용이 없었다고 한다. 아베 총리는 그러나 과거사 문제

를 용서하는 박근혜 대통령에게 감사하다는 말 한마디
할 수도 있고 안 할 수도 있다. 위안부에 대한 추가 보상
을 할 수도 있고 안 할 수도 있다. 경제 협력, 기술 협력,
외교·안보 협력, 촉진될 수도 있고 안 될 수도 있다. 자
기 중심으로 노는 안보 문제는 더욱 예측하기 힘든 문제
이다. 그러나 우리의 조건 없는 용서는 일본이 나오기에
따라 동북아 외교·안보 분위기를 확 바꿀 가능성도 없지
않다. 세계 세 번째 경제 대국이 동아시아의 자유와 민주
주의의 대한민국과 손잡고 잘 지낸다면 아시아의 분위
기는 확연히 달라질 수 있다. 미·일, 한·미 동맹 안에서
개인당 소득 3만 5천 달러의 나라와 2만 5천 달러의 나
라가 자랑스러운 이웃으로 있는 한 중국과 핵을 안은 북
한의 무책임한 행동은 견제될 것이다. 동북아시아의 두
자유국가가 아시아와 세계가 우러러보는 두 개의 반짝
이는 별이 될 것이다.

중국 성장의 내재적 한계들

중국의 장래는? 10퍼센트대에서 7퍼센트대로 내려앉
고 있는 중국 경제의 성장은 세월이 갈수록 어려워질 것

이다. 중국 체제는 개인의 자유와 자본주의 시장경제에서 오는 활력이 제대로 발산될 수 있는 체제가 아니다.

수만 년 전부터 현재까지 인류 경제를 발전시켜 온 또하나의 힘은 과학기술이다. 중국인은 상품 교류와 교환에는 유대인과 함께 뛰어났지만 더 중요한 과학기술에 있어서는 세계를 앞지른 적이 없다. 그 이유는 두뇌의 문제가 아니고 언어의 문제라고 믿는다. 가장 많은 인구로써 가장 오랜 기간에 걸쳐 세계에 내놓은 중국의 과학기술과 학문의 발자취는 너무도 희미하고 미미하다. 중국의 말과 글(한문) 때문에 중국이 한 번도 세계 패권을 잡지 못하고 자칭 지역 강대국으로 머물러 온 것이 아니겠는가? 지금도 한문의 획수를 탓하면서 획수를 줄이면 한문도 선진화되어 과학기술과 학문이 발달할 것이라고 믿는 듯하지만, 중국 언어의 문제는 구조적 문법적 문제이지 문자의 획수 문제가 아니다. 차라리 한국말과 일본말이 과학기술과 학문을 위해 한문보다 더 우월한 언어이다. 말이 얼마나 자유롭고 글이 얼마나 그 자유로운 말을 문자화할 수 있는가? 학문적·문학적 표현의 자유는 분석과 이론 전개를 하는 말의 자유에 달려 있고 자유로운 말은 자유로운 사유를 가능케 한다.

사유의 자유는 정치적 자유와 뗄 수 없다. 생각이 하늘을 날아다니듯 자유로워야 머리에서 좋은 구상이 구름같이 솟아나고 이론과 논리가 그림같이 펼쳐질 수 있다. 권리가 마음과 생각을 죄어 붙이면 과학기술과 학문, 발명, 발견, 창조적 이론 등이 머리에서 떠오르기 힘들다. 억압적 정치권력으로부터의 자유, 억압적 문화로부터의 자유는 인류 발전의 원동력이다.

나는 한문학자가 한문으로 쓴 과학기술 전문서적이나 경제학, 사회학, 정치학 등의 학술서적을 본 적이 없다. 이 점에서 중국은 후진국 중의 후진국이다. 자유를 주면 나라가 분산되고 자유를 안 주면 발전이 멈추게 될 나라가 중국이다.

중국 경제는 아무리 성장하더라도 급진하는 세계의 과학기술 혁명 앞에 항상 모방경제에 머물게 될 가능성이 크다. 세계를 영도하는 패권 국가는 그것이 아니지 않는가!

일본은 한때 미국을 앞질러 세계 제일가는 나라가 된다고 36년 전에 에즈라 보겔 교수가 예언한 나라다. 사유의 자유가 있고 언어의 표현력이 한국말처럼 뛰어난 나라다. 중국과 비교될 수 없는 노벨상 수상자를 배출한 나라다. 자유의 나라 한국도 때가 되면 일본처럼 노벨상 수상자를 배출한 국가가 될 것이라고 기대한다.

세계 역사를 보면 세계 패권과 해양은 같이 간다. 고대 그리스의 해양국 아테네가 스파르타에 승리한 이래 영국, 스페인, 그리고 미국에 이르기까지 근·현대 패권국들은 모두 해양국이다. 칭기즈칸은 겨우 백 년 정도밖에 세계를 지배하지 못했다. 해양이 없었기 때문이다.

　한 번도 세계를 지배 못 한 중국의 해양 사정은 어떤가? 중국은 거대한 고속도로이고 식품, 자원, 에너지의 보고인 해양을 한 번도 지배하지 못했다. 중국의 해양지정학은 중국 해양을 연안국 바다로 만들고, 갈가리 쪼개진 좁은 바다로 만들고 있다. 세계 제일가는 인구가 쪼개진 좁은 바다에 갇혀 있기 어렵다. 때문에 중국은 바다에 산재하는 다른 나라 소유의 도서들을 놓고 일본, 베트남, 필리핀, 그리고 한국하고까지 실랑이를 벌이고 있다. 중국 것이 아닌 이 많은 섬들을 강제로 점거해 자기 것으로 만드는 것은 절대 불가능하다. 세계가 앉아서 보고만 있던 그런 시대는 지났다.

　싫더라도 중국의 선택은 하나밖에 없다. 관련국들과 함께 앉아 중국의 동해(동중국해)와 남해(남중국해)를 평화적으로 함께 이용하는데 합의하는 길 외에는 별 도리가 없다. 지정학은 그 나라의 운명이고 그 운명을 개척하는 데는 평화와 번영을 위해 협력하는 지혜가 있어야 한다. 지구의 반을 차지하는 태평양도 미국과 일본 소유의 섬들이 산재하는 미·일의 영해 같은 곳이다. 중국은 욕심내지 말고 자기 입지를 직시하는 지혜를 보여야 할 것이다.

얼마 전에 한 모임에 중국 대표의 한 사람으로 참가한 중국남해연구원 홍농 원장이 "역사적으로 중국은 이 지역의 강대국으로 과거에는 조선의 종주국이었다는 점에서 역사적 이익(어로, 항행 등)을 고려해 보다 많은 역사적 이익이 보장되어야 함"이라고 발표하는 것을 들었다. 하도 어처구니가 없어서 "그렇기 때문에 오히려 한국같이 조공을 바친 나라를 특별히 고려해 줘야 하지 않겠는가?" 하고 반박하고는 이는 농담이라 하고 웃고 말았지만, 점심식사 중에 그에게 다가가서 중국은 연성적 힘(체제의 매력)이 너무 약하니 자유와 민주주의 같은 가치를 강화해야 한다고 역설했더니 순순히 잘 들어 주었다.

중국은 아직도 크고 작고 강하고 약하고, 높고 낮고 중심과 변두리 같은 불평등 사상이 지배하고 있다. 일본은 이 점에서 한국의 국제적 시각과 훨씬 더 가깝다고 하겠다.

일본 정치외교의 우경화는 그 나라의 본성이다. 그동안 희미했던 정치노선이 이제 본궤도로 돌아오고 있는 것이다. 일본은 집집마다 가족 신을 모시는 신전을 두고 있고, 가미카제 특공대나 전범들도 죽으면 신이 된다고 믿고 야스쿠니진자에 안치하는 나라다. 이런 문화는 쉽사리 바뀌어지지 않는다. 일본인이 비교적 덜 부패하고 정직한 이유는 이런 종교의 덕이라고 믿는다. 미국을 상대로 전쟁을 하는 용기도 무사도와 함께 신토 종교에서 온 사나이 문화가 아닌가 싶다.

어느덧 친일파로 오해 받을 수 있는 논리를 펼쳐 놓고 말았다. 그러나 일본과 한국과의 우호 관계는 자연스런 관계다. 한국말과 일본말이 한 마디 한 마디 직역할 수 있듯이 한·일 관계도 직역이 가능한 관계이다. 직통할 수 있는 관계다. 손 꽉 잡고 아시아를 변화시키고 세계를 발전시킵시다.

중국의 당면 정치·외교 문제

미국과 중국의 국내정치와 체제를 비교한다는 것은 여기서는 큰 의미가 없다고 느낀다. 미국의 체제는 인류 역사의 발전 방향과 궤도를 같이하는 미래형 체제다. 반면 중국의 체제는 아직도 공산당 일당독재를 못 벗어난 지나간 세대의 체제다. 체제를 비판했다고 해서 노벨 평화상 수상자를 감옥에 가둔 채 평화상 시상식에 참석도 못하게 하는 체제가 인류의 정치적 발전과 궤도를 같이하는 체제라고는 도저히 말할 수가 없다.

중국의 정치문화도 공자, 맹자, 노자, 순자 등의 고전적 정치문화의 테두리와 마르크스—마오쩌둥의 사회주의 테두리를 벗어나지 못하고 있다. 그동안 중국 정치문화의 우물이 얼마나 말랐는지 최근에는 노자의 도교를 되씹기도 하고 있다는 보도다. 중국은 여전히 옛것만 배우고 있을 것인가?

중국이 선진국의 대열에 당당하게 서게 될 날이 오는 것을 나는 보고 싶다. 그렇게 되려면 서구의 전통에서 자유라는 가치를 따와서 중국 정치 안에 옮겨 심어야 할 것이다. 물론 미국 정치체제가 완벽하다는 뜻은 절대 아니다. 그러나 그것은 미래지향적이다. 중국의 체제는 수천 년 전과 궤도를 같이하는 복고적 체제다. 옛날의 전통을 따르려는 체제다. 따라서 거기에서는 연성적 힘, 즉 체제에 대한 매력을 느낄 수 없다.

커지는 세계, 작아지는 중국

북한의 존재와 체제를 떠받쳐 온 중국 문제를 해결하지 않고서는 북한의 민주화나 개혁 개방은 현재까지 그러했듯이 '정략적 헛소리'로 끝날 것이다.

21세기 중국의 재부상을 보고 우리 국민, 특히 식자들 가운데는 벌써부터 낡고 오래된 사대주의 근성을 여러 형태로 노출하는 이들이 있다. 약자가 강자를 섬기고 존경하고 따른다는 뜻인 사대주의는 처음에는 중국에 대한 한국의 본능적 '생존 전략으로' 시작되었다고 할 것이다. 그것이 수백 년, 또는 수천 년이 흐르는 동안에 중국에 대한 한국인의 본능적 의식구조가 되어 버린 것이 아닌가. 중국을 불필요하게 자극하지 말자, 중국은 미국 다음에 올 새로운 패권국이다, 중국은 우리의 제일가는 경제 동반자다, 중국의 새 위상은 세계에서 눈이 부시다, 등 모두 현대판 사대주의의 재재거림이라고 해야 할 것이다. 따라서 중국에 대한 올바른 전략의 출발점은 사대주의의 의식구조의 청산에서부터 시작된다고 믿는다.

우선 알아야 할 것이 있다. 중국은 이제 대국이 아니라는 점이다. 중국이 작아져서가 아니고 세계가 커졌기 때문이다. ASEAN은 그 한 예다.

ASEAN과 APEC의 중국 견제

중국 남쪽에는 급부상하고 있는 ASEAN 10개국이 뭉쳐 있다. ASEAN은 1966년 마오쩌둥의 문화혁명에 위협을 느껴 다음 해인 1967년에 조직된 지역 협력체다. 그동안 협력 범위를 대폭 넓혀서 ASEAN 플러스 3(한국, 일본, 중국)에다 다시 플러스 5(미국, 호주, 뉴질랜드, 인도, 러시아)가 있고 다시 플러스 9(UAE, 방글라데시, 캐나다, EU, 몽골, 북한, 파키스탄, 스리랑카, 터키) 하여 최대 지역 안보 협의체로 확대되었다. 머지않아 미얀마(버마)도 민주화되면 ASEAN에 동참하게 되지 않을까 생각한다.

ASEAN답게 중국도 북한도 (마지못해?) 초청하여 그 모임에 참가하게 하였다. ASEAN의 모임에 나가면 중국도 하나의 참가 국가에 지나지 않는다. 거기에서는 강대국 노릇을 할 여지도 없고 입지도 없다. 원래 태국과 필리핀이 주동이 되어 중국의 패권 위협에 대항하기 위해 구상된 ASEAN이지만 지금은 문자 그대로 가장 거대한 대 중국 '견제 모임'이 되었다. 동남아시아를 뛰어넘는 광역 지역 안보 포럼으로 자리 잡았다. 거기에 얼굴 내민 중국의 위상은 아무리 어깨에 힘주어도 별로 크게 보이지 않는다. ASEAN은 결과적으로 중국의 기를 꺾어 놓은 셈이다.

ASEAN은 한국에게 귀한 교훈을 주고 있다고 믿는다. ASEAN은 부상하는 중국을 작은 나라로 만드는 전형적인 대 중국 외교 네트워크이다. 한국인의 중국에 대한 사대주의는 ASEAN 사람들에게는 하나의 가벼운 미소거리밖에 안 될 것이다.

ASEAN 회원국들(필리핀, 브루나이, 베트남, 말레이시아)은 타이완(대만)과 함께 남중국해에 있는 파라셀(Paracel)과 스프래틀리(Spratly) 군도를 둘러싸고 중국과 영토 분쟁을 하고 있다. 연전에 미국의 클린턴 국무장관이 ASEAN과 중국에 대해 중간에서 조정 역할을 해 주겠다고 제의했더니 중국은 이를 일축했다. 중국은 동남아 개별 국가와 일대일로 협상할 것이라고 하면서. 만약에 ASEAN이 없었더라면 남중국해의 파라셀과 스프래틀리 군도는 이미 중국이 점령해서 그 해역의 해상 교통로도 중국의 수중에 들고 말았을 것이다.

중국은 일본과도 '센카쿠/댜오위다오 열도'를 둘러싸고 영토 분쟁을 하고 있다. 그러나 여기서도 중국은 마음대로 해 나가지 못하고 있다. 일본과의 경제 관계가 너무 크고 복잡하기 때문이다. 또 해군력에서도 일본에 뒤지고 있다. 중국은 '시간을 기다리면 중국의 위상이 지구를 내려다볼 수 있을 때가 올 것이다. 그때 가서 보자'는 식으로 시간을 벌고 있다.

그러나 앞서 말한 대로 중국만 떠오르고 있지 않다. 인도는 오히려 중국보다 더 높이 뜰 가능성이 있는 나라다. 태국도, 인도네시아도, 베트남도, 필리핀도 모두 떠오르고 있다. ASEAN뿐만이 아니다. 아시아태평양경제협력체(APEC)도 20여 개국의 아태 지역 국가원수들이 얼굴을 맞대는 모임이다. 거기에는 타이완도 초청된다.

중국은 동북아 지역에서 패권을 노리면 패권국이 되는 지역국가도 아니고 유일한 경제대국도 아니다. G20 회의에서 절감했겠지만 중국은 세계의 네트워크 속에 위치한 세계 경제의 한 동반자다. 2010년 요코하마 APEC

회의에 참석한 캐나다 총리와 뉴질랜드 총리의 사이에 선 중국 후진타오 국가주석의 위상은 어느 모로 보나 새롭게 낮아지고 있는 위상이라는 인상을 주었다.

주권 평등을 외면하는 중국

그런데도 중국의 어떤 지도자가 "당신들은 소국이고 우리는 대국이다. 이것은 사실이 아닌가" 하였다는 한 언론 보도를 보고 중국은 여전히 대소(大小)의 인식 판도에 사로잡혀 있다는 느낌을 받는다. 대소뿐만이 아니다. 상하, 강약, 중심과 변두리, 입술(위성국, 완충국)이 없어지면 이 (중국)가 시리다는 순망치한(脣亡齒寒) 등의 개념은 중국식 세계관과 국제질서관 속에 깊이 뿌리 박고 있는 시각이다. 중국의 전통적 국제관에는 '주권 평등'이라는 개념이 없다.

서양에는 소련 공산주의 시대에 '위성국가' 또는 '완

충국' 등의 개념은 있었지만 이들 개념이 유럽의 국제질서 안에 확고하게 자리 잡지 못했다. 서양에서는 주권 평등 사상이 오랜 전통 속에 자라 오다가 1648년에 '베스트팔렌 조약'에 의해 확립되었다. 현재는 유엔 헌장에, 그리고 국제법 안에 신성한 원칙으로 뿌리내리고 있다.

가장 높은 자리에 앉아 동서 국가들로부터 조공을 받아 온 중국적 국제질서의 시각은 크고 작고, 높고 낮은 수직관계만 있다. 주권이 평등하다는 것은 아직도 낯설고 어색하게 느껴지는 것같이 보인다. 그러나 평등은 자유와 함께 인류의 가장 보편적 가치가 된 지 오래다. 주권은 자유로운 권력인 점에서 평등하다. 자유롭기 때문에 평등하고 평등하기 때문에 자유롭다. 자유와 평등은 같이 간다. 중국 지도자들이 시대착오적인 세계관에서 벗어나려면 하루속히 이 원리를 깨달아야 할 것이다.

중국의 새로운 국제적 위상을 자리매김하는 요소는 세계화 현상뿐만이 아니다. 미사일과 항공기는 중국의 땅덩어리를 크게 축소시켰다. 대량 살상 무기와 최신예 정밀 타격 화력은 인구의 크기에서 오는 위협을 대폭 감소시켰다. 과학기술에 의한 첨단 무기의 발달은 인구와 영토의 크기를 겁내지 않게 만들고 있다.

되풀이하지만 1950년대의 한국전쟁에서 중국과 미국

은 귀중한 교훈을 얻었다. 중국의 '인해전술'은 미국의 최첨단 화력을 이길 수 없다는 것, 미국의 화력은 또 중국의 거대한 땅덩어리와 인구를 이길 수 없다는 것. 한국전쟁을 승자, 패자 없이 휴전으로 끝내게 한 이 교훈은 그 무게가 점점 과학기술 쪽으로 기울어지고 있는 저울이다. 따라서 미국의 화력이 그 우월성을 잃지 않는 한, 그리고 중국이 이성을 잃고 미치지 않는 한, 미국과 중국 간의 전쟁은 없을 것이라고 단언해도 좋을 것이다.

연성軟性 파워 시대

21세기 세계는 영토나 인구의 크기, 또는 경제나 무력의 크기만이 패권을 좌우하는 시대가 아니다. 현재와 미래의 패권을 위해서는 물리적 크기에서 오는 힘보다 더 중요한 힘이 있다. '연성적 힘'이 그것이다.

세계는 지금 경제나 무력의 힘보다 이념과 가치의 매력이 세계적 지도력을 좌우하는 시대로 옮아가고 있다. 다시 말해 자유, 인권, 평화, 협력, 상호 믿음과 신뢰, 그 나라의 체제의 매력 등이 나라를 강제로 이리저리로 밀어붙이고 지배하는 무력의 힘보다 더 강하고 중요한 역할을 하는 시대가 온 것이다. 이는 개인의 자유와 힘이 강해진 데서 오는 당연한 귀결이다. 이제 개인을 끌어당기는 매력은 개인을 강요하는 강제력보다 중요하고 강한 힘이 되고 있다.

체제와 이념이 매력적이면 여러 나라들이 그 나라와 동맹을 맺기를 원하고 또 동맹하자는 제의에 기꺼이 호응한다. 미국 체제의 매력은 미국이 전 세계 국가들과 동맹 네트워크를 구축하는 것을 가능하게 만들고 있는 것이다. 이에 비하여 냉전이 끝난 지금 중국과 러시아는 거의 동맹국 네트워크가 없어졌다.

중국은 1961년에 북한과 우호협력상호원조조약을 맺어 오늘에 이르고 있다. 그 동맹조약에는 "도발되지 않은 침략"으로부터 북한을 방어해 주게 되어 있다. 하지만 어떤 것이 '도발되지 않은 침략'인가에 대한 해석과 판단은 중국만이 할 수 있다.

사대주의의 굴레

한국의 기나긴 대외 관계 역사는 그 대부분이 중국과의
역사다. 그리고 그 역사는 1910년 일본 식민지가 되기
까지 중국에 대한 사대주의 속에 전개되었다. 수모와 서
러움과 번뇌의 눈물로 적신 치욕의 역사였다.

　예를 들면 조선조 말엽에 중국의 위안스카이(袁世凱)는
조선의 공사는 주재국에 부임하면 외무부에 인사 가기
전에 중국 공사에게 먼저 인사 가고 중국 공사와 함께 주
재국 외무부에 인사 갈 것, 연회석에서는 중국 공사 뒤
에 앉을 것, 중요한 외교 교섭은 중국 공사와 사전에 협
의할 것 등을 요구했다.

더 최근에는 이명박 대통령의 공식 방중(訪中)의 와중에 외무부 관리를 시켜 "한미동맹은 냉전의 산물인데 왜 아직도 필요한가?"라는 외교적으로 '무례하고 의전에 어긋난' 기자회견을 시키기도 하였다. 더 큰 문제는 한국 정부와 국민과 언론의 묵묵불언의 반응이었다. 중국에 관한 한 우리 속에는 아직도 사대주의의 피가 흐르고 있다는 강한 느낌을 준다.

어떤 사람이 우리가 미국에게도 사대한다고 믿고 주장하는 글을 쓴 것을 본 적이 있다. 그러나 미국은 사대주의를 모르는 나라다. 크다고 해서 자기들에게 사대하라는 사상은 미국에게는 상상하기 어려운 혐오스러운 개념이다. 미국 같은 큰 나라와 동맹 관계를 맺는 것이 사대주의라면 미국과 동맹한 세계 모든 나라들이 사대주의 국가인 셈이다. 터무니없는 이야기다.

영어에는 사대주의란 단어가 없다. '사대'를 번역하여 하인이 주인에게 아부하고 아첨한다는 flunkyism, toadism 이라는 용어 등이 있으나 '큰 것을 숭배하고 모시고 따른다'는 뜻의 사대주의는 없다. 사대주의는 세계에서 중국에만 있다. 중국이 다른 나라와의 관계를 특징짓는 중국의 용어다.

현재에도 북한은 중국에 대한 사대주의의 틀 속에 갇

혀 있다고 볼 수 있다. 김정일이 중국으로부터 김정은을 '책봉' 받기 위해 얼마나 애썼는지 죽기 전 1년간 그의 중국에 대한 행적을 보면 짐작할 수 있다.

그렇지만 세계 역사의 물결은 어느덧 21세기의 언덕을 넘고 있다. IT 정보화 시대와 외교의 세계화 시대 앞에서 한국은 중국에 사대할 필요도 없고 중국도 그런 기대에 매달려서는 안 될 때가 온 것이다. 오직 북한에 대해서만은 여전히 그들의 입술이라고 간주하면서 입술이 망해서는 이가 시릴 테니 북한을 죽여서는 안 된다, 필요한 대로 떠받쳐 주자는 입장을 고수하고 있다. 이를 완충 국가라고 하든지 전략적 방어 국가라고 하든지 그 본질은 마찬가지다. 한미동맹에 대항하기 위해 북한이 필요하다는 논리는 한미동맹만 없애면 중국도 북한을 포기하겠다는 뜻으로 받아들일 수 있겠는가? 미국 외에도 일본이 있지 않은가. 한국이 있지 않은가.

이 점에서 중국은 우리의 적은 아니더라도 마음까지 통하는 친구의 나라는 아직 될 수 없다. 이것은 우리 지정학에서 오는 현실이다. 따라서 우리는 한미동맹이라는 동맹 외교를 갖고 있고 또 갖고 있어야 한다.

동시에 우리의 '지경학(地經學)'도 역시 자연자원의 가난함으로 인해 우리 경제를 무역에 의존시켜 왔다. 지정학의 취약점은 동맹 외교와 세계화 외교로써, 지경학의 취약점은 최근 서명한 중국과의 FTA를 포함한 지구촌 FTA 전략으로써 슬기롭게 대응해 오고 있다.

동시에 우리 외교와 무역의 급속한 세계화는 우리와 중국마저도 끊기 어려운 동반자로 만들고 있다. 북한 때문에 중국과 한국은 서로 부담스러운 존재이지만 세계화된 외교와 무역 때문에 두 나라는 단순한 이웃 이상인 '동반자'가 되고 있는 것이다. 그리고 이런 동반자 관계는 중국·북한 간의 관계와는 달리, 시간이 갈수록 깊어 가고 강화될 수 있는 관계이고 미래지향적인 관계다. G20, ASEAN, APEC 등은 우리와 중국을 뗄 수 없게 묶어 놓았다.

대對 중국 외교의 목표와 전략

우리의 대중국 외교 목표는 간단하고 분명하다.

첫째는 주권 평등의 원칙에 서서 중국과 경제적 동반자 관계를 발전시켜 나가는 데 있다. 우리의 지정학적 약점은 한미동맹으로써 대처하고 우리의 지경학적 약점은 한·중 경제 협력으로 보완한다.

이 전략은 한미동맹과 모순되거나 배치되지 않는다. 미·중 관계가 타이완 문제 등으로 인해 전쟁 관계로 전락하지 않는 한 한미동맹관계와 한·중 경제적 동반자 관계는 중국의 필요에 의해 유지될 것이다. 미국과 중국은 '경쟁 관계'에 빠질 수는 있어도 '전쟁 관계'에 빠질 가능성은 거의 없기 때문이다. 서로 핵을 가졌고 경제의 상호 의존도가 급속하게 깊어 가고 있고 외교의 세계화가 이 두 나라의 전쟁을 예방할 것으로 믿는다. 타이완 문제가 전쟁을 유발할 가능성도 점점 줄어들고 있는 형편이다. 경성적 힘과 연성적 힘을 합친 '국력'을 봐도 중국이 미국에 전쟁을 시작할 처지에 있지 않다. 또 미국은 그 나라의 체질상 중국이 먼저 공격해 오지 않는 한 싸우지 않을 것이다. 따라서 한·중 동반자 관계의 앞날은 밝다고 해도 좋을 것이다.

다음은 북한을 바로잡는 데 함께 협력하고, 끝에 가서는 자유 통일을 이룩하는 데 중국이 방해하지 않도록 또는 협력해 오도록, 한·중 관계를 발전시키는 데 있다.

이 두 목표는 서로 연관되어 있고 또 상호 보완적이다.

북핵 제거를 위한 국제 공조

한국과 중국은 가장 중요한 협력 과제를 안고 있다. 북한 핵의 불법화를 견지하고 끝에 가서는 제거하는 과제다. 이 과제의 관철을 위해 서로 협력하면 한중 관계는 자동적으로 깊어지고 발전해 나갈 것이다.

북한 핵은 이미 국제적으로 불법화되어 있다. 핵확산금지조약에서의 불법적 탈퇴, 핵 제거를 합의한 6자회담, 핵실험을 규탄하고 제재한 유엔 결의, 우라늄 농축 시설의 불법적 가동 등, 북한의 핵은 이미 분명하게 불법화되어 있는 핵이다. 이는 인정될 수 없는 핵이고 인정되어서도 안 되는 핵이다. 이 불법적인 핵을 계속 불법적인 존재로 견지해야 북핵 문제는 해결의 실마리를 잡을 수 있다. 북핵의 불법화를 견지하는 것은 북핵 해결의 출발점이다. 중국도 불법화의 견지가 중요하다는 것을 이해하고 있다 하겠다.

만약 북핵이 어떤 형태로든 국제적으로 인정되든가 합법화되면 그 여파는 불을 보듯 명확하다. 세계의 핵 불확산 체제는 파산을 향해 첫발을 내딛는 꼴이 될 것이다. 얼마 안 가서 한국과 일본, 그리고 타이완이 핵을 선택하게 될 것이고, 이란을 위시한 세계의 여러 야심 국가들은 급속한 핵 확산의 길에 뛰어들게 될 것이 다. 이것은 중국도 결코 원하는 바가 아니라고 믿는다. 따라서 북핵의 불법화를 견지하고 제거하기 위한 한국과 중국과의 협력은 유지될 수 있고 강화될 수 있는 공동 과제다. 응당 한국의 대중국 안보외교의 초점이 돼야 하는 공동 관심사다.

북핵의 불법성을 언제 어디서 어떻게 초점화(highlight)하고 강조할 것인가 하는 것은 어려운 일이 아니다. 수없는 각종 국제 포럼이 있고 양자 외교와 다자 외교의 터전이 있다. 이제까지 우리 외교가 이 점을 등한시해 온 감이 없지 않다. 우리가 하기에 따라서는 중국을 끌어안고 끌고 나갈 수 있는 귀한 주도적 사안이라고 믿는다.

예를 들어 보자. 한국 대통령과 중국 국가주석이 자리를 같이할 기회는 일 년에 적어도 세 번 이상이 있고 양국 국가원수 간의 공식·비공식 만남이 여기에 추가된다. 이런 자리를 이용하여 우리 대통령이 중국의 시 주석에게, "그동안 북한 핵의 불법화를 견지하는 데 도와주셔서 감사합니다. 앞으로는 북핵을 제거하는 데 우리 양국이 더욱 긴밀하게 협력해 나갑시다", 또는 "불법화된 북한의 핵을 제거하고 해체하는 데 강력한 지도력을 발휘해 주시기를 기대합니다", 또는 "여보게, 시 주석, 나 좀 도와주오. 요즘 한국도 핵을 만들어야 한다는 국내 각계의 압력 때문에 대통령 못 해먹겠소. 우리 서로 도우면서 삽시다!" 등등….

　　두 국가원수 간의 대화는 개성과 친밀도에 따라, 또 여성과 남성에 따라, 천태만태가 있을 수 있다. 가장 중요한 안건을 놓고 흉금을 트고 용기와 진심으로써 이야기하면 효력이 나오지 않을 수 없다. 국제적으로 불법화가 확고하게 견지되어 북한 체제의 불법화로 이어지게 되고, 북한이 우라늄 농축과 미사일 발사 시험 등으로 사태를 악화시키면 핵 제거에 대한 압력은 더욱 거세질 것이다.

북 체제 붕괴는 시간문제

북한이 헤커(Hecker) 미국 핵 전문가를 초청하여 그들의 최고의 비밀인 우라늄 농축 시설을 공개한 일이 있다. 이 것은 극히 이례적인 일이다. 이제까지 숨겨 왔고 또 숨겨 두는 것이 정상적인 북한의 행태일 것이다. 왜 이제 와 서 이런 극히 이례적인 행동을 하는 것일까? 그 이면에 깔린 저의가 무엇일까? 그들이 그동안 철저하게 숨겨 온 이 시설을 왜 이 시점에서, 그것도 미국의 최고 전문가에 게 공개했을까? 협상을 위해? 협박을 위해? 협박과 협상 을 묶어서 최대의 효과를 얻기 위해? 아니면 다른 어떤 제3의 의도가 있어서?

그런데 2010년 11월 헤커 박사의 방북 후 며칠도 안 되어 그달 23일 북한은 서해의 연평도에 대해 한국전 이래 가장 심각한 포격 도발을 자행하여 남북 간에 최고도의 긴장을 조성하고 전 세계를 떠들썩하게 만들었다.

그런데 이 두 사건, 최신형 우라늄 농축 시설의 국제적 공개와 연평도에 대한 포격 도발은 어떤 모로든 연관되어 있는 듯한 감을 금할 수가 없다.

한마디로 말한다면 젊은 김정은의 권력 세습이 잘 되지 않고 있는 것이 아닌가? 북한 내 각 분야에 걸쳐 김정은 세습에 대한 반발이 심각해지고 있는 것이 아닌가? 군부, 공산당(노동당), 관료, 일반 주민들, 이들 가운데 김정은에 대한 불만이 말없이 소용돌이 치고 있는 것이 아닌가?

그동안 김정은 정권의 대내적 지지 기반을 다지기 위해, 특히 군부의 지지 확보를 위해 써먹은 핵과 미사일 실험은 국제적 압력과 제재 아래 그 실효성이 희석되어 있다. 세계의 웃음거리가 되는 김정은 세습을 군부를 위시한 내부 세력에게 수용시키려면 놀랄 만한 새로운 '업적'을 보여 줄 필요가 절실하다. 북한 정권에게 있어서 우라늄 농축 시설은 최고의 보물이고 최고의 비밀이다. 그러나 위기에 처한 아들의 세습을 다지기 위해서는 어쩔 수 없다. 이것을 공개해서 자랑거리로 만들면 흔들리는 군부와 주민을 다지는 데 큰 도움이 될 것이다.

핵 시설을 잘 평가할 줄 모르는 국내 엘리트나 군부에게 공개하는 것보다 더 좋은 방법이 있다. 미국 핵 전문가에게 공개하여 국제적인 파문을 일으켜 국내적으로 최대의 효과를 노리자. 미국이 김정은을 도와주게 만들자! 이리하여 헤커에게 최신형 농축 시설을 자랑스럽게 공개했던 것이 아닌가? 그리고 며칠 내에 연평도에서 포탄으로 남북 간에 긴장을 조장하면 북한 군부의 단결과 복종을 강화하는 데 더욱 도움이 될 것이 아닌가?

이 사건은 세 가지 면에서 용의주도하게 계획되고 준비된 도발이다. 우선 적십자회담 등의 제의를 통해 남쪽을 안심시키고(이것은 6·25 남침할 때부터 써먹은 위장 평화 제스처다), 우라늄 농축 시설을 공개하여 북한 주민을 매혹하고, 육상 포격 도발로써 군을 다진다는 것이었다.

이러한 김정은의 획책을 가능케 한 이면에는 한미연합사 체제에 대한 김정은의 판단이 깔려 있다고 본다. 즉 한미연합사 체제 하에서는 "이 정도의 도발을 가지고는 전쟁까지는 안 갈 것이다"라는 판단과 기대다. 6·25 때와 같은 전면적 공격은 곧바로 한미동맹의 발동을 뜻하기 때문이다. 연합사가 전시작전권을 행사하려면 이번

사태보다 더 크고 심각한 전투 상태가 벌어져야 한다. 연평도 사태는 김정은이 전면전으로 안 간다는 확신을 갖고 저지른 포격 도발이었던 것이다. 연합사의 행동 제약을 믿고 저지른 도발이라고도 할 수 있다. 만약 한국군이 독자적으로 어떤 사태에도 마음대로 대응할 수 있었다면 김정은도 더 신중해지지 않을 수 없었을 것이다. 이러한 각종 시나리오와 추리가 김정은의 뜻하는 대로 작용할지 여부는 물론 우리 측의 용감하고 현명한 대응에도 달려 있다.

결론적으로 말하자면 북한에게 열린 선택은 하나밖에 없어 보인다. 협상 테이블에 나와 핵을 제거하고 대가를 최대한 받아내고 개혁 개방으로 나가는 길이 그것이다. 아니면 세습의 실패와 체제의 붕괴로 이어지는 길을 달릴 수밖에 없다.

북한을 떠받치는 세 가지 요소, 즉 김일성 신화, 핵, 중국의 비호 문제는 해결책이 있다. 김 신화는 IT 시대의 정보통신력의 확산과 탈북 동포의 전단 살포가, 북핵은 유엔 안전보장이사회에 의한 국제적 불법화와 제재가, 중국의 비호는 한국과의 적대 관계를 포기해야 할 중국의 새 국제정치적 처지가 해결할 것이다.

중국의 대 북한 입장

중국은 입술이 부르트도록 북한에 식량과 에너지를 제공해 왔다. 더 나아가 북한의 핵과 미사일 문제의 해결을 지연시켜 왔다. 또 보기에 따라서는 북한이 미국과 화해하지 않고 적대관계를 계속 유지하기를 바라고 있는 인상이다.

중국은 김정은의 핵과 미사일이 미국과의 화해를 저지하고 적대관계를 유지시키는 적절한 전략적 수단이라 여기고 있는지도 모른다. 핵과 미사일만 포기시키면 일시에 '통미(通美)', '화미(和美)'로 이어질 가능성마저 있기 때문이다. 중국으로서는 북한이 미국과 손잡음으로써 입술을 잃는 것이 제일 겁날 것이다(한국은 북한의 소위 '통미봉남通美封南'을 조금도 겁낼 필요가 없다. 통미는 '통남'이 되고 '통일'로 직행하게 될 것이기 때문이다).

그동안 6자회담, 북의 핵 실험과 개발 등에 대한 중국의 태도로 미루어 볼 때, 이러한 추측이 일리가 있는 듯하다. 중국으로서는 북한의 입술 역할이 핵과 미사일 개발에서 생기는 각종 국제정치적 부작용을 보상하고도 남는다고 생각할지 모른다. 6자회담이든 4자회담이든 2자회담을 통하든 말든 중국은 북한 핵을 북한의 완충국 역할과 뗄 수 없다고 생각하고 있는 인상이다.

또 중국은 북한의 개혁 개방에 소극적인 인상을 준다. 개혁 개방은 통남 통미로 이어지고 통일로 이어지게 될 위험이 있기 때문이다. 입술을 잃게 될 것이기 때문이다. 물론 중국으로서는 한국전에서 그들의 피로써 구출한 북한이 지도에서 사라지는 것을 '체면상' 또 '의리상' 그냥 앉아 보고만 있기 어려울 것이다. 될 수 있는 대로 도와주려고 할 것은 당연하다. 그러나 이런 '의리상의 유대'는 국제정치에서는 실같이 나약한 유대다. 간단히 끊길 수 있다.

그런데 중요한 것은 중국의 태도다. 김정은이 핵미사일로 미국 본토를 공격할 수 있게 되는 것은 별로 나쁘지 않다고 보고 있는 인상을 준다. "우리가 불장난을 할 처지가 못 되지만 김정은의 불장난은 뭐 좋은 구경거리가 된다"는 듯한 태도다. 중국의 이러한 미온적이고 방관적인 자세는 한·미·일 삼국에 어마어마한 외교·안보적 도전이 아닐 수 없다. 중국 자체의 국제정치적 이미지도 손상을 입지 않을 수 없다.

그러나 중국에게도 한·미 양국과 긴장 관계를 지속하고 남북 간에 포화가 터지고 티격태격하는 상황은 큰 걱정거리가 아닐 수 없다. 북한은 이제 중국에게도 점점 더 무거운 짐이 되고 있다. 이제 중국으로서는 대결과 긴장, 아니면 공존과 공영의 두 길 중 택일해야 할 길목으로 들어서고 있다. 김정은이냐, 아니면 한·미·일이냐—

이러한 상황 앞에서 북한의 핵 제거와 개혁 개방의 성취라는 두 과제는 한국이 주도적으로 노력을 해야 할 사안인 것이 점점 분명해지고 있다. 중국이 해 주기를 기대하는 것은 북한의 입술 역할의 중요성에 대한 중국 입장을 이해 못 하는 데서 오는 '사대주의적' 타성같이 보인다.

중국으로서는 북한이 통일하게 되면 입술이 배 이상 두꺼워지니 환영할 일이지만 그렇지 못할 바에야 차라리 분단 상태가 더 낫다고 보고 있는 듯한 인상이다. 동시에 한·미·일 삼국과도 계속 등지는 것은 피해야 한다고 느끼고 있는 듯하다. 떡을 입에도 넣고 손에도 쥐기를 바라는 듯한 인상이다.

중국은 현 시점에서 입술 역할을 하는 북한을 살리기를 바라지만 그렇다고 급부상하고 있는 대한민국과 적대관계가 되는 것은 최대한 피하고 싶을 것이다. 그리고 더 나아가 한국이 중국에게 북한보다 더 중요하고 더 가치가 있다고 느낄 때는 입술이 망해도 할 수 없지 않은가? 중국의 경제 발전의 지속과 국제적 위상을 높기 위해서는 북한의 '안락사'를 수용할 수밖에 없지 않은가? 불법화된 북한의 핵과 전체주의 폐쇄체제를 계속 떠받드는 고역과 부담을 어깨에서 내려놓는 것만으로도 중국은 홀가분한 기쁨을 느끼게 될 것이 아닐까?

이 가능성을 현실화하는 일, 이것이 한국의 외교안보적 과제다. 이는 21세기 우리 세대에 안겨진 최고의 사명이라고도 볼 수 있다. 이 사명을 다하기 위해 우리의 외교·안보는 전력을 다해 다음의 일을 수행해야 한다고 믿는다.

한국의 외교·안보 전략의 기조

중국은 북한을 포기하지 않는다

중국이 김정은을 버리고 박근혜 대통령과 손잡는 것은 한 가지 전제 하에서만 가능할 수 있다. 한국이 미국과의 동맹을 끊고 중국과 손잡았을 때만 일어날 수 있는 일이다. 이는 현실성 없는 상상의 세계에 머무는 환상에 불과하다.

북한 핵·미사일 대응은 한국 주도로

한국은 다음과 같은 외교·안보 조치를 취하는 데 주도력을 발휘하고 선도적 역할을 해야 한다.

이제까지 한국 외교는 북핵과 미사일에 관한 한 미국이 주도하고 한국은 뒤따라가는 인상을 주었다. 그러나 천안함 폭침 사건과 연평도 포격은 한·미 간의 주객을 뒤집어 한국이 주도하지 않을 수 없게 만들었다. 이 기회에 북핵과 미사일 문제에 대한 한국의 주도적 역할을 확립하고 정착시켜야 한다고 믿는다. 한국으로서는 생사가 걸린 거국적 위협이고 국가적 과제이기 때문이다.

한·미·일 삼각협력

세계 2~3위의 국력을 가진 일본은 지리적으로나 경제적으로나 우리의 '자연적인' 동반자다. 국제사회가 정치적으로나 경제적으로 가장 가까운 관계를 유지할 것으로 기대하는 나라다. 이 기대가 어긋날 때는 그만큼 우리의 국제적 위상도 해를 입는다. 우리 대통령이나 정치인들은 이 점을 인식할 것을 또한 기대한다. 박근혜 대통령이 끝내 화해를 거부하더라도 한일 관계는 다음 대통령이 정상화시키게 되어 있는 과제이다.

우리가 이미 점유해 오고 있는 독도 문제로 해마다 일본과 티격태격하는 것은 현명하지 못하다. 일본으로서는 독도 문제를 '영토 분쟁'으로 유지하고 있어야 장차 국제사법재판소에 재판을 제기할 수 있기 때문이다. '연례 말싸움'에 우리가 말려들어 '분쟁화'시키는 것을 도울 필요가 없다. 그냥 계속해서 무시해 버리면 가장 좋은 대응이 될 것이다. 그러면서 한일 관계를 모든 분야에 걸쳐 크게 그리고 깊게 만들어 나가야 한다.

이제 한·미·일 삼국은 북한 핵과 미사일이 해결될 때까지 이 문제를 다룰 특별협의체를 설치 운영해야 한다. 삼국이 힘과 지혜를 모아 김정은과 중국에 대처해야 할 때가 왔다고 본다.

단호하고 강경한 공동 대처

우리가 주도하는 삼국의 공동 보조는 단호하고 강경해야 한다. 김정은을 겁먹게 하고 중국을 깊은 우려 속에 빠져들게 해야 한다. 이것만이 중국이 양자택일을 하지 않을 수 없게 만드는 최단거리 길이라고 믿는다. 연평도 포격 이후 한국 단독으로 취한 주도적 강경대응도 제한된 효과를 거두었다고 믿는다. 중국의 압력으로 북한이 6자회담이니 남북대화니 하는 것을 미온적으로나마 제안해 오는 것을 보면 짐작할 수 있다. 삼국의 공동 강경책은 중국을 떨게 만들 것이 분명하다 하겠다.

한국의 국제적 위상 제고

대한민국은 유엔이 국제적으로 승인했고, 그리고 유엔 사무총장도 한국이 낳은 아들이다. 유엔은 한국의 국제적 위상을 하늘 높이 솟아올릴 수 있는 무대다. 우리 대통령, 장관, 대사, 그리고 외교관들은 전 세계 외교관이 우러러보는 활동과 역할을 해야 하고, 그렇게 할 수 있다. 중국이 부러운 눈으로 우리를 바라보게 하자. 감탄하게 하자. 세계의 안전과 발전과 평화를 위해 대한민국의 아낌없는 정력을 쏟아붓자.

비슷한 무대는 제네바에도 있고 빈에도 있다. 또 새로 부상하고 있는 인도, 브라질도 우리의 새 활동 무대가 될 수 있다. 중요한 새 모임인 G20에는 이미 우리의 발자취가 강하게 새겨져 있다. 우리 대통령은 매 회의마다 최고의 대표단을 이끌고 가서 세계 문제의 논의에 앞장서서 참여해 주기를 빈다.

대 ASEAN/APEC 활동 강화

이미 언급한 대로 ASEAN과 APEC은 대한민국의 활동 영역에 속한다. 중국은 그 속에 서면 상대적으로 작아지지만 한국의 그림자는 오히려 커지고 있다. 냉전 시대 유럽의 안전과 협력을 위해 설립된 '유럽안보협력기구(OSCE)'와 비슷한 역할을 하는 이 조직들은 한국에게는 최고의 '자기 위상 제고'의 장치라고 볼 수 있다. 이 조직 안에 있는 안보 포럼과 경제 협력 포럼을 아낌없이 활용하여 한국의 국제적 힘과 위상을 계속 강화해 나가야 한다.

러시아와의 전략적 동반자 관계 강화

러시아는 우리에게 멀고도 가까운 나라다. 정치적으

로는 별로 가까운 적이 없다. 지리적으로는 중국 다음으로 가까운 나라다. 2차 대전을 통해 우리와 운명의 인연을 맺게 되었다.

그들이 해방시키고 점령했던 자리에 그들이 세워 기른 정권이 북한이다. 공산주의 갑옷을 벗어던진 러시아로서는 이제 와서 절대권력의 3대 세습으로 막다른 골목에 다다른 김일성 후계자를 종전처럼 비호하기가 쉽지 않을 것이다. 천안함 폭침과 연평도 포격 도발을 놓고 북한을 비난하기 시작한 러시아와도 대담하게 손잡도록 노력해야 할 줄 안다. 한국과의 무역 등을 통한 실리가 극동에서 나날이 깊어지고 있다.

러시아와의 새로운 동반자 관계는 중·북 동맹에 하나의 지각변동을 일으킬 수 있는 계기가 될 수 있을 것이다.

한반도 중립화는 허구다

"한반도도 중립화를 통해 평화적 통일을 이루고 남북이 공존하는 것은 어때?" 하는 식의 망상에 빠지는 것은 남한 공산화 음모의 일종이다. 일고의 가치도 없다.

나는 스위스에서 두 번 대사로 근무하면서 한국도 스

위스처럼 중립화할 수 있을까 하고 생각에 잠기기도 한 바 있다. 전 국민이 집에 무기를 둔 국민 무장 국가인 동시에 알프스라는 높고 험한 보루가 있어 주변 강대국들이 욕심내기 어렵게 되어 있는 나라가 스위스다. 그리고 주변 강대국들도 욕심낼 만한 지정학적 가치도 없다.

한반도가 중립화되면 아무리 국제적으로 보장하더라도 한반도의 지정학적 가치가 너무 높기 때문에 순식간에 강대국들 간에 한반도를 독차지하려는 싸움터가 되고 말 것이다. 중립화는 구한말의 비극을 재생할 가능성만 안겨 줄 것이다.

대북 전략과
한미동맹의 미래

한국 주도의 자유민주 통일은 반드시 올 것이다. 그것은 세계사의 행진곡이고 우리 국민의 염원이고 북한 동포의 꿈이기 때문이다. 김씨 일가가 그 신화와 함께 망하고 누가 집권하게 되더라도 통일의 주역은 북한 동포일 것이다. 북한 동포가 우리와 손잡을 때 통일은 간단하게 날아 들어올 것이다.

그런데 우선 한국은 북한에 대해 해야 할 몇 가지 역할이 있다.

첫째, 김일성 일가의 권력 세습을 어떠한 경우에도 인정하거나 합법화해 주지 말 것.

둘째, 북핵의 불법화를 견지하기 위한 국제적 노력을 등한시하지 말 것.

셋째, 북한의 새로운 도발에는 강력한 새로운 응징으로 단호하게 대응할 것.

넷째, 북한 주민은 우리 동포다. 모든 수단과 기회를 이용하여 우리의 애정을 표명하고 전달하고 가능한 지원을 제공하는 것을 아끼지 말 것.

다섯째, 북한 주민에 대한 탄압이 벌어지면 단호하게 김정은을 공개적으로 규탄하는 데 인색하지 말 것.

여섯째, 북한의 돌발 사태나 변화에 대비할 수 있는 특별 태스크포스를 설치 운영할 것.

일곱째, 한국 주도의 통일에 중국의 불간섭과 수용 문제를 다룰 특별 태스크포스를 설치 운영할 것.

끝으로 중국과 김정은에 대해 적절한 형식으로 충고하고 경고해야 한다. 한국이 돈이 없나, 기술이 없나, 능력이 없나? 단시일 내에 한국도 핵과 미사일을 보유할 수 있다. 다만 한미동맹이 있기 때문에 그 필요를 느끼지 않을 뿐이다. 중국도 김정은도 이 점에 있어서 미국과 한미동맹의 긍정적 역할을 인정해야 하고 고맙게 느껴야 할 것이다, 라고.

따라서 동북아 평화와 안전의 초석인 한미동맹은 계

속 강화되고 심화되어야 하고 또 그렇게 될 수 있다. 어떠한 경우에도 흥정의 대상이 돼서는 안 될 것이다. 흥정의 대상이 되는 순간부터 한국의 안보와 통일은 끝 모르는 혼란에 빠져 급기야 통일의 포기로 이어질 수 있기 때문이다.

역사적으로나 현 시점에서나 한반도는 중국·일본·러시아 세 나라의 힘이 교차하고 경쟁하는 지역이다. 특히 한국의 경제적, 정치적, 군사적 비중이 커지게 되니 이 세 나라 간에 한반도를 둘러싸고 각축이 일어날 것을 예견하기는 어렵지 않다. 지난 반세기 이상 한미동맹은 적어도 한반도 남반부에서만은 동북아의 이 세 나라에 평화적 공존과 번영의 길을 터 주었다. 그 결과 한국도, 중국도, 일본도, 러시아도 서로 남한을 무대로 평화롭게 발전하고 번영할 수 있었다.

이제는 중국도 한미동맹이 동북아의 안정에 중요하다는 것을 느끼기 시작했다고 믿는다. 일본이나 러시아도 한반도의 안정을 위해 한미동맹이 제일 좋은 선택이라는 것을 알고 있다. 특히 중국은 한국이 북한을 대신해서 중국을 위한 '완충국' 노릇을 하는 것보다 한미동맹을 통해 지역 평화와 번영과 안정에 기여해 주는 것이 중국에게도 더 큰 국가이익이 될 것이라는 것을 알게 될 날이 올 것으로 확신한다.

자유와 억압의 세계사적 싸움에서 21세기 중심 무대
로 떠오른 한반도여, 축복 받아라!